# Hohlsaum & Co

Ullabritt Volkers

# Hohlsaum & Co

rosenheimer

*Bildnachweis*
Titelfoto, Fotos S. 21, 24/25: Klaus G. Förg, Rosenheim
Alle übrigen Fotos stammen von Günter Standl, Laufen / Obb.
Musterzeichnungen auf S. 65, 66, 67 und 68: Ursula Brandt, Köln
Alle übrigen Musterzeichnungen und Aufrissskizzen stammen von der Verfasserin.


© 2001 Rosenheimer Verlagshaus GmbH & Co. KG, Rosenheim

Seitenlayout, Satz und Lithographie: Reiter Kommunikations GmbH, Berchtesgaden
Druck und Bindung: Milanostampa s. p. a., Caleppio di Settala
Printed in Italy

ISBN: 3-475-53208-5

# INHALT

# VORWORT

Die Faszination des Stickens besteht in den unzähligen Möglichkeiten, Farben, Formen und Strukturen zu gestalten. Hohlsäume zum Beispiel bieten reichhaltige Variationsmöglichkeiten für den, der immer wieder neue Muster auf den Stoff zaubern möchte.

Kombiniert man den Hohlsaum mit einfachen Ziersticken, wie Stielstich, Rückstich, Kettenstich, Hexenstich und Kreuzstich, so kann man der Vielfalt der Formen noch eine Vielfalt der Farben hinzufügen. Dieses Buch stellt eine Reihe von Modellen vor, die auf einer solchen Kombination beruhen. Natürlich wird immer genau erklärt, wie's geht. Die Stiche und Hohlsaummuster werden am Schluss unseres Bandes in einem eigenen Technikteil erläutert.

Traditionell zählt die Hohlsaumstickerei ja zur »Weißstickerei«. Insofern könnte es eine reizvolle Variante sein, das eine oder andere der gezeigten Muster auch ganz in Weiß zu sticken. Dadurch bekäme es freilich einen ganz anderen Charakter.

Mit Ausnahme des Kreuzstiches können die gewählten Zierstiche sowohl in freien Formen als auch im gebundenen Stich gearbeitet werden. Der gebundene Stich kann nur auf einem Stoff in Leinenbindung genäht werden, genauso wie der Hohlsaum. Die Muster, die dieses Buch vorstellt, sind ausnahmslos in der gebundenen Form gestickt.
Alle ausgewählten Stiche sind übrigens einfach zu arbeiten, sodass sich der Zeitaufwand für die gezeigten Modelle in Grenzen hält.

Viel Freude beim Nachsticken wünscht Ihnen Ihre
*Ullabritt Volkers*

# MATERIAL UND WERKZEUG

Für die Stickereien in diesem Buch benötigt man:

- Sticknadeln mit und ohne Spitze
- Stickschere und Stoffschere
- Stickrahmen
- Nähnadel und Stecknadel
- Zentimetermaß
- Geeigneten Stoff und Stickgarne

Die Hohlsäume und die in den Mustern dieses Buches verwendeten Zierstiche werden mit einer Sticknadel ohne Spitze gearbeitet. Eine Sticknadel mit Spitze wird für das Verwahren von Stickfäden, zur Sicherung abgeschnittener Fäden und bei Randbefestigungen gebraucht. Die Sticknadelstärke richtet sich nach der Stickgarnqualität: zum feinen Faden die feine Nadel. Die Sticknadelstärken 22, 23 und 24 sind gut geeignet. Eine scharfe, spitze Stickschere ist notwendig, um die einzelnen Gewebefäden exakt durchschneiden zu können.

Der Stickrahmen hält den Stoff bei der Arbeit gespannt. Er sollte einen Durchmesser von ca. 15 cm haben. Umwickelt man den inneren Ring mit Baumwollschrägband, so kann der gespannte Stoff nicht so leicht verrutschen. Nähnadel, Sticknadel, Stoffschere und Zentimetermaß sollten immer zur Hand sein.

Der Stickfaden wird auf die Stoffqualität abgestimmt. Als Faustregel gilt, dass der Stickfaden und der Gewebefaden etwa die gleiche Stärke haben sollten. Wenn bestimmte dekorative Effekte durch das Stickgarn erzielt werden sollen, bestätigen Ausnahmen diese Regel.

# DEN STOFF AUF DAS MUSTER VORBEREITEN

Sie werden feststellen: Was man bei den vorbereitenden Arbeiten an Zeit aufwendet, bekommt man bei der Ausführung der Stickerei reichlich zurück! Der Stoffrand wird als Erstes mit einer Zickzacknaht auf der Nähmaschine oder mit großen Überwendlingsstichen umnäht, damit er nicht ausfranst. Hohlsaummuster entstehen in erster Linie durch Bündeln von Gewebefäden. Sie machen einen Teil des Musters aus. Die Fadenmenge spielt bei der Hohlsaumstickerei eine große Rolle. Die Fäden müssen gezählt werden. Um dies zu erleichtern, näht man über Kreuz durch die Mitte des Stoffes und von Rand zu Rand mit farbigem Reihfaden Vorstiche (s. Abb.). Die Nadel wird dabei immer jeweils über zwei und unter zwei Gewebefäden geführt. Den kreuzenden Faden von der Stoffmitte aus nähen!

Das Ergebnis wird in den Musterbeschreibungen als »Fadenkreuz« bezeichnet. Es ist nicht nur bei Hohlsaumarbeiten nützlich, sondern bei fast jeder Art von Stickerei.

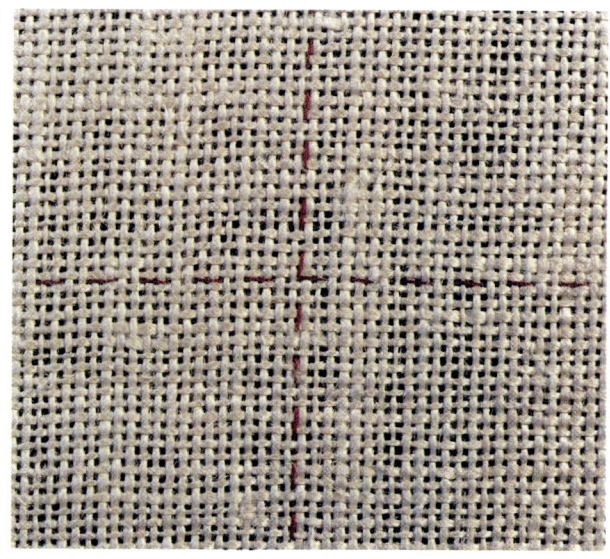

*Das »Fadenkreuz«*

Mit Hilfe der Vorstiche lassen sich leicht sowohl die Schuss- als auch die Kettfäden in Vierergruppen zählen. Je nach Größe der Arbeit können Stecknadeln oder weitere Reihfäden beim Auszählen des Muster als zusätzliche Anhaltspunkte dienen. Das Fadenkreuz wird erst entfernt, wenn die Stickerei fertig ist.

Das Muster kann jetzt nach der Mustervorlage ausgezählt und mittels Reihfaden mit mittelgroßen Vorstichen auf das Gewebe »eingezeichnet« werden. Um vom Fadenkreuz aus eine bestimmte Stelle auf dem Stoff zu erreichen, legt man den Stoff auf eine glatte Unterlage und hält mit einer Sticknadel an gewünschter Stelle einen Kett- oder Schussfaden am Fadenkreuz mit der Spitze nach unten fest. Mit der anderen Hand zieht man den Stoff langsam unter der Nadel in die gewünschte Richtung weg. Die Nadel muss fest und still gehalten werden. Es bildet sich im Gewebe eine kleine Rille, an der man kontrollieren kann, ob fadengerade gezogen worden ist.

Alle Muster in diesem Buch werden mit Hilfe des Fadenkreuzes von der Mustermitte aus berechnet und mit Reihfäden auf den Stoff »gezeichnet«. Auf den Musterskizzen bezeichnen die Linien, sofern nichts anderes angegeben ist, jeweils die Mitte einer Borte oder eines Hohlsaumes.


*Und hier noch einige Tipps für das Sticken von Hohlsäumen:*

● Bei den Hohlsäumen sollten Sie auf keinen Fall alle Fäden gleichzeitig ausziehen, sondern nur so viele, wie zur Zeit benötigt werden.

● Beim Ausziehen der Fäden eines breiteren Hohlsaumes nehmen Sie zunächst die jeweils äußeren Fäden, die gegebenenfalls in voller Länge ausgezogen werden können.

● Ein verschnittener Faden lässt sich leicht reparieren: Man nimmt vom Stoffrand einen Gewebefaden und zieht ihn an der betreffenden Stelle einige Zentimeter vor und nach der Schnittstelle in das Gewebe hinein.

● Beim Sticken sollte der Stoff stets gut gespannt in dem Stickrahmen gehalten werden. Ein schönes Stickergebnis ist die Belohnung.

# TISCHDECKE »CHINA-BERG«

| | |
|---|---|
| *Fertiges Maß:* | 192 x 140 cm |
| *Material:* | 220 x 160 cm Leinenstoff, 8,5 Fäden/cm, der Fa. Vieböck, Helfenberg<br>14 Stk. Anchor Perlgarn Nr. 5, Farbe 972 |
| *Technik:* | Stielstich (S. 61)<br>Zickzackhohlsaum (S. 66)<br>3,5 cm breiter Rand mit schrägen Ecken<br>(S. 70) – Stielstichrand an der zweiten Einbugkante |

ARBEITSANLEITUNG

- Den Leinenstoff für das Stickmuster vorbereiten (S. 9).
- 6 Gewebefäden für die Zickzackhohlsäume ausziehen.
- Die Stielstiche über 2 Fäden sticken.
- Die Stickerei von der Fadenkreuzmitte aus berechnen und von hier aus mit der Arbeit beginnen.

- Nach der Musterskizze sticken (s. auch S. 79: Ein Muster verlängern oder verkürzen). In den beiden Borten liegen die Musterornamente einander spiegelgewendet gegenüber.
- Wenn das Muster fertig ist, die äußeren Maße mit dem Reihfaden »einzeichnen«.
- Den Hohlsaum am Saum vorbereiten.
- An der zweiten Einbugkante entlang eine Reihe Stielstiche um die ganze Decke herum sticken.
- Die Decke mit Zickzackhohlsaum über 6 Gewebefäden säumen.
- An den Hohlsaumverbindungsstellen eine einfache vierbeinige Spinne nähen.

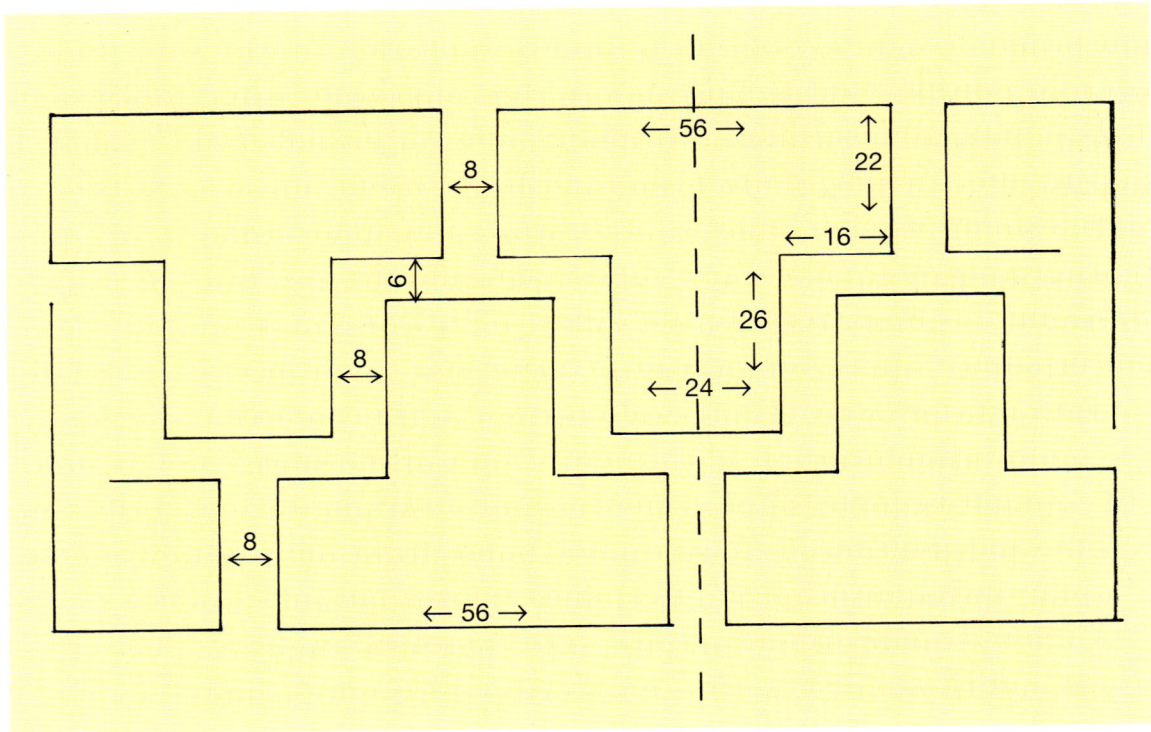

*Musterskizze zur Tischdecke »China-Berg«*
*Die Zahlen stehen für die Anzahl der Gewebefäden*

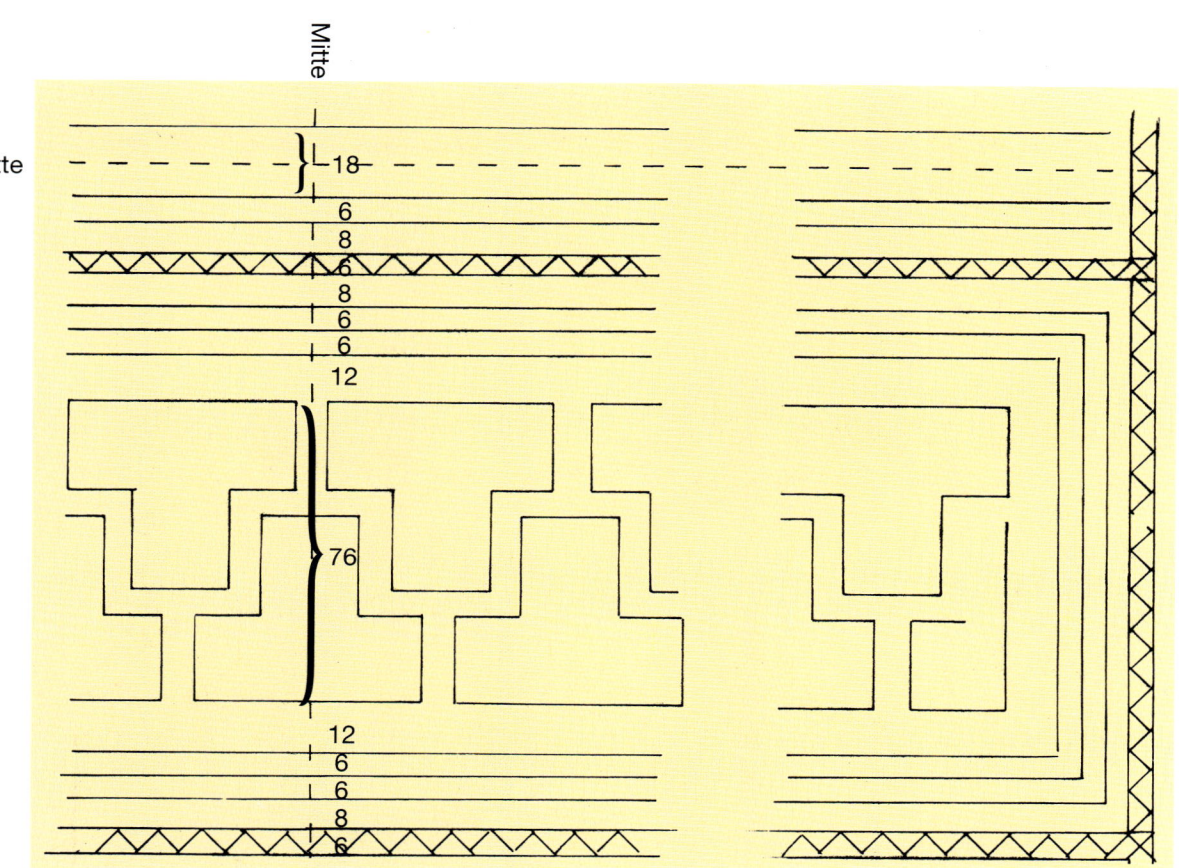

Mitte

Mitte

18

6
8
6
8
6
6
12

76

12
6
6
8
6

*Übersichtsskizze zur Tischdecke »China-Berg«*
*Die Zahlen stehen für die Anzahl der Gewebefäden*

# TISCHLÄUFER »KARO«

| | |
|---|---|
| *Fertiges Maß:* | 130 x 40 cm |
| *Material:* | 150 x 50 cm Leinenstoff, ca. 12 Fäden/cm Stickgarn: HF Blomstergarn blau, Nr. 202 und 17; rot, Nr. 86 oder V & H, Wuppertal, blau, Nr. 1485 und 3822; rot, Nr. 2400 |
| *Technik:* | Stielstich (S. 61) Stäbchenhohlsaum (S. 65), Auszug 6 Fäden 2 cm breiter Saum mit schrägen Ecken (S. 70) |

Dieses Muster eignet sich auch hervorragend für eine Tischdecke. Es wird dafür passend verlängert oder verkürzt. Entsprechend muss die Stoffberechnung sein (S. 79: Ein Muster verlängern oder verkürzen).

ARBEITSANLEITUNG

- Den Leinenstoff auf die Stickerei vorbereiten.
- Das Muster von der Mitte aus anfangen.
- Der Stielstich wird über 2 Gewebefäden genäht.

17

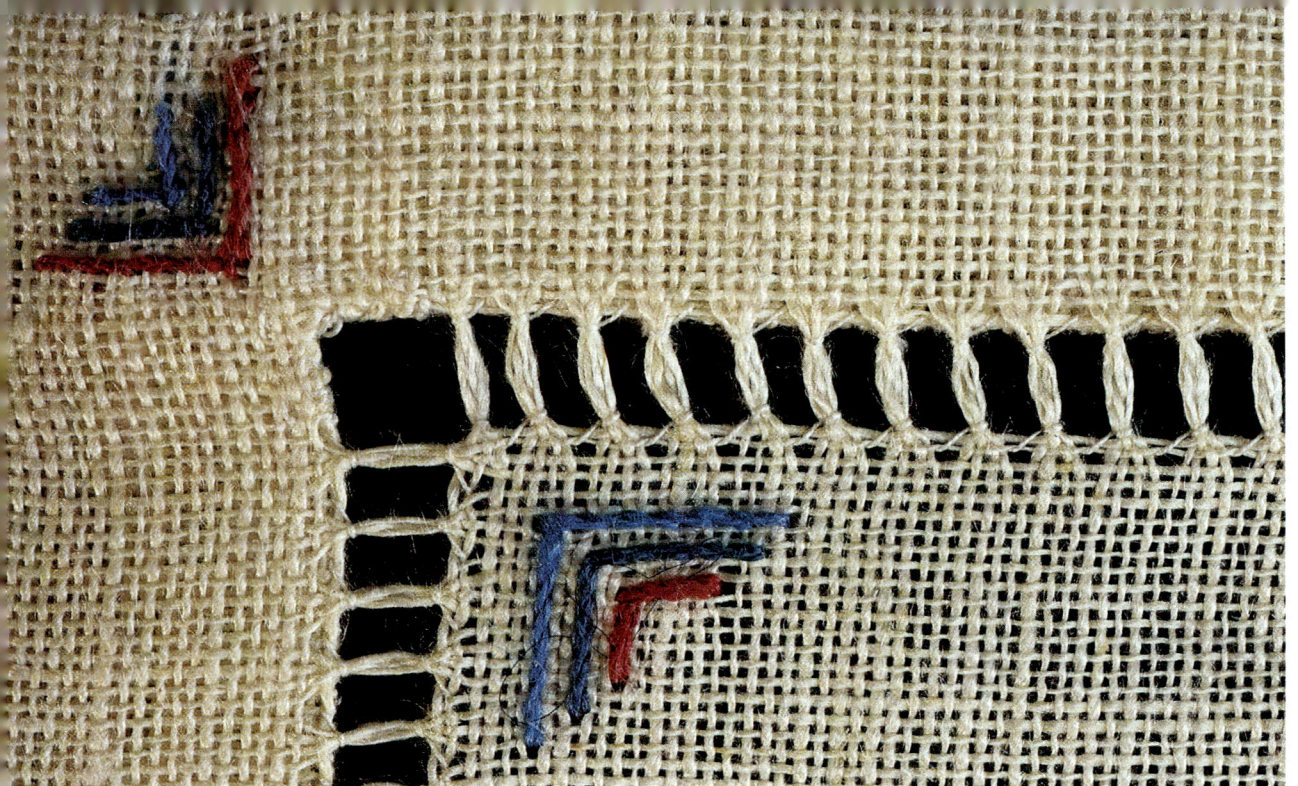

*Das Eckornament*

- Die kleinen Karos liegen 2 Gewebefäden auseinander.
- Arbeiten Sie nach der Musterzeichnung.
- Von der Musterborte bis zur langen Seitenrand sind es 6 cm.
- Von der Musterborte bis zur kurzen Seitenrand sind es 7,5 cm.
- Das Muster hat 6 Rapporte.
- Die äußeren Maße des Tischläufers mit dem Reihfaden »einzeichnen«.
- Die Eckmuster sticken.
- Den Läufer mit Stäbchenhohlsaum säumen.

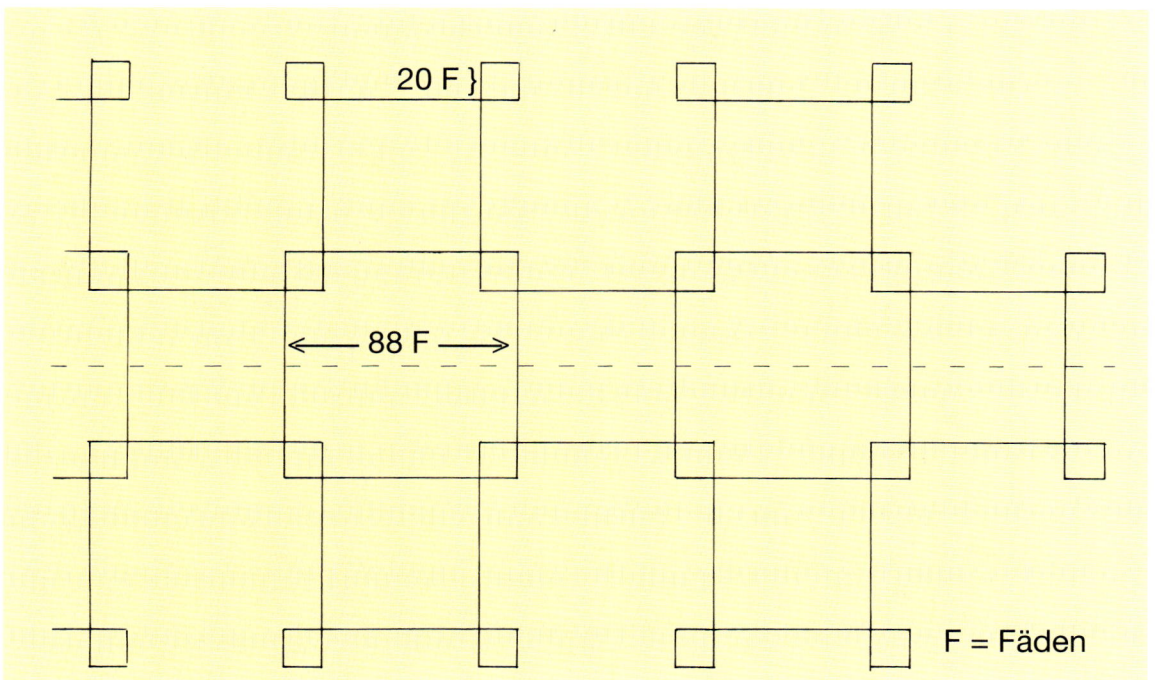

20 F }

← 88 F →

F = Fäden

*Aufrissskizze zum Tischläufer »Karo«*

*Das Stickmuster der kleinen Karos*

# LÄUFER BLAU-WEISS

| | |
|---|---|
| *Fertiges Maß:* | 65 x 29 cm |
| *Material:* | 75 x 40 cm Leinenstoff 8,5 Fäden/cm, weiß, der Weberei Vieböck, Helfenberg (Art.-Nr. 230) für die Hohlsaum- und Stickmuster: Leinen-Stickgarn (Klippan-Bergå) 16/2, Farbe 524 (hellblau) und 572 (rot) für den Saum: Klöppelgarn 50/2 oder weißes Baumwollnähgarn 50 |
| *Technik:* | Kästchenhohlsaum mit Gitterwerk (S. 68) Kästchenhohlsaum + Kästchenstiche, in schrägen Reihen gearbeitet, + kleine Sternstiche (S. 68) schmaler Saum mit schrägen Ecken (S. 73) |

Dieses Muster lässt sich ohne Probleme verlängern, indem man die zwei Musterborten mehrmals abwechseln lässt. Ebenso kann das Muster verbreitet werden. Zu berücksichtigen ist dabei, dass die eine Borte durch 3 teilbar ist, die andere durch 4.

ARBEITSANLEITUNG

- Den Leinenstoff auf die Stickarbeit vorbereiten (S. 9). Der Läufer besteht aus zwei breiten äußeren Borten und einer schmalen mittleren Borte.
- Beginnen Sie die Arbeit in der Mitte der mittleren Borte: Kästchenhohlsaum + Kästchenstichen in schrägen Reihen + kleine Sternstiche. Zu beiden Seiten dieser mittleren Borte in einem Abstand von 12 Gewebefäden den Kästchenhohlsaum mit Gitterwerk nähen.

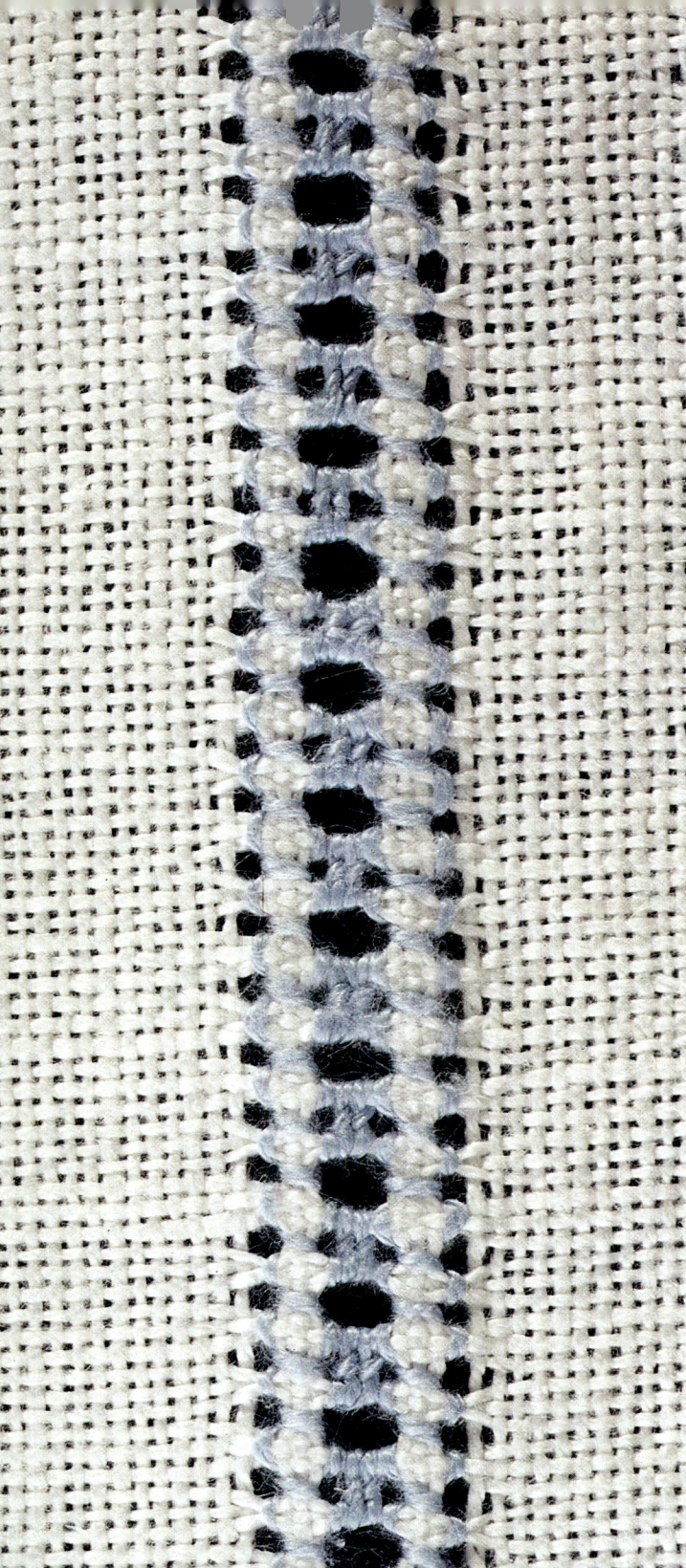

- Zwischen dieser Borte und den beiden breiten äußeren einen Abstand von jeweils ca. 11,5 cm lassen.

- Die äußeren Borten, deren Mitte sich 7 cm vom Rand des Stoffes befindet, unterscheiden sich dadurch von der mittleren, dass in der Mittelpartie 3 Rauten-reihen in schrägen Kästchen-stichreihen direkt übereinander genäht werden. In der mittleren Raute ist in der Mitte ein roter Sternstich genäht.

- Der Kästchenstich-Hohlsaum mit Gitterwerk liegt hier eben-falls 12 Fäden von Rautenborte.

- Beachten Sie: Der Kästchen-hohlsaum ist über 3 x 3 Gewe-befäden genäht, der Kästchen-stichhohlsaum + Kästchenstiche in schrägen Reihen über 4 x 4 Gewebefäden.

- Der schmale Saum ist 1 cm breit.

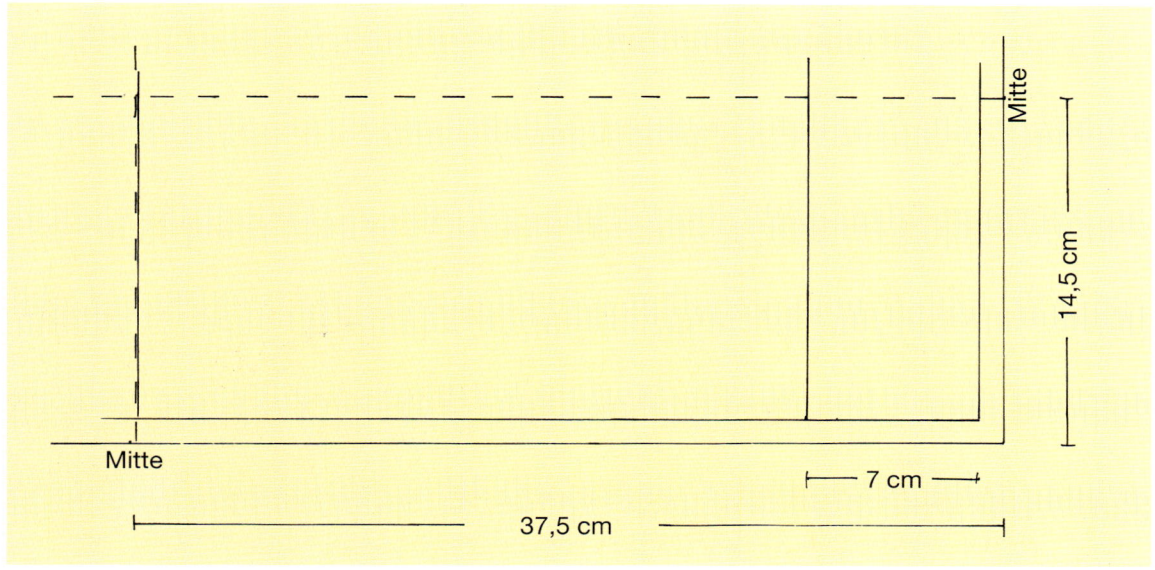

Mitte

14,5 cm

Mitte

7 cm

37,5 cm

*Aufrissskizze zum Läufer blau-weiß*

# FRÜHLINGSDECKE

| | |
|---|---|
| *Fertiges Maß:* | 72 x 72 cm |
| *Material:* | 80 x 80 cm Leinen, 10,5 Fäden/cm Bockens Klöppelgarn 40/2 für den Hohlsaum: Anchor Perlgarn 8, Farbe 293 für das Kreuzstichmuster: Anchor Sticktwist, Farbe 293 und 860 |
| *Technik:* | Gitterhohlsaum (S. 67 – Auszug 6 Fäden) Kreuzstich (über 2 x 2 Fäden) 2 cm breiter Saum und Ecken mit diagonaler Naht (S. 70) |

ARBEITSANLEITUNG

- Beginnen Sie wie immer mit den für das Gelingen wichtigen Vorbereitungsarbeiten (S. 9).
- Nach der Aufrissskizze zunächst nur mit Klöppelgarn 40/2 die Stäbchenhohlsäume für das Gitterwerk nähen. Das Gitterwerk erst dann fertig nähen, wenn die Decke bestickt und gesäumt ist.
- Die Kreuzstichmuster mit 2 Fäden von dem 6-fädigen Sticktwist sticken.
- Die Decke mit Gitterhohlsaum säumen.

Die Stäbchenhohlsäume und die Kreuzstichmuster arbeiten Sie im einfachen Stickrahmen, das Gitterwerk jedoch in einem am Tisch zu befestigenden Stickrahmen. Bei dem Gitterwerkstich mit der linken Hand den Faden auf gleichmäßiger Spannung halten.

- Mit dem Perlgarn die Gitterhohlsäume fertig stellen.
- In den Ecken wird eine 3-beinige Spinne genäht: Mit dem Faden aus dem Gitterwerk die Nadel ca. 3 Gewebefäden vom Rand entfernt (im äußeren Winkel) von der rechten Stoffseite einstecken, von der linken Stoffseite auf die rechte durch das Karo, das die Fadenrinnen bilden, ziehen und dabei einmal um den Stickfaden wickeln und dann mit dem Gitterwerk weitermachen. Der Faden sollte so berechnet werden, dass er durch einen ganzen Hohlsaum reicht. Er muss etwa die doppelte Länge haben.

Am letzten Viereck das Fadenende mit dem Fadenanfang so verbinden, dass eine Spinne entsteht, mit einem flachen Knoten auf der Rückseite zusammenbinden und die Fadenenden verwahren.

*Kreuzstichmuster für die Blume (**x** bedeutet gelber Sticktwist, **o** grüner)*

*Aufrissskizze zur Frühlingsdecke*

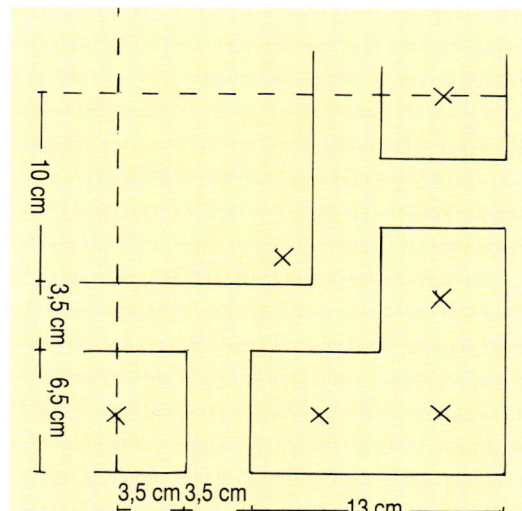

*Kreuzstichmuster für das Ornament im inneren Quadrat (**x** bedeutet gelber Sticktwist, **o** grüner)*

27

# MITTELDECKE UND SERVIETTE »KORNBLUME«

| | |
|---|---|
| *Fertiges Maß:* | Mitteldecke 83 x 83 cm<br>Serviette 44 x 44 cm |
| *Material:* | für die Decke: 1 Meter (4-mal 50 x 50 cm) Leinen, 8,5 Fäden/cm, weiß, der Weberei Vieböck, Helfenberg (Art.-Nr. 230)<br>für die Serviette: 50 x 50 cm Leinen, 8,5 Fäden/cm, weiß (Art.-Nr.230), der Weberei Vieböck, Helfenberg<br>für die Hohlsäume: Klöppelgarn 30/2<br>für den Rückstich: Anchor Sticktwist, Farbe 162 |
| *Technik:* | Stäbchenhohlsaum über 3 Gewebefäden<br>Falscher Hohlsaum (S. 76)<br>Rückstich (S. 61) über 3 Gewebefäden<br>1 cm schmaler Saum und Ecken mit diagonaler Naht (S. 73) |

Diese Mitteldecke lässt sich sehr gut zu einer großen Decke erweitern. Dazu fügt man einfach anstatt 4, wie hier vorgeschlagen, eine beliebige Anzahl von Karos mit unserem Muster aneinander. Mit beispielsweise 9 oder 16 Karos kann sie quadratisch bleiben, aber sie könnte auch mit entsprechend vielen

29

Karos zu einer rechteckigen Decke zusammengefügt werden. Wichtig ist dabei immer, dass beim Zusammennähen der Quadrate der ursprüngliche Fadenlauf des Leinengewebes gewahrt wird. Wenn das nicht der Fall ist, kann sich die Decke nach dem ersten Waschen verziehen. Ein Leinenstoff läuft nämlich beim ersten Waschen ein wenig ein, aber nicht gleichmäßig in Kettfaden- und Schussfaden-Richtung. Deshalb muss mit einem farbigen Reihfaden an beliebiger Stelle die Kettfadenrichtung ausgezeichnet werden.

- Den Leinenstoff in 4 Teile à 50 x 50 cm schneiden.
- Die weiteren vorbereitenden Arbeiten ausführen.
- Den Leinenstoff auf das Stickmuster vorbereiten.
- Für die Stäbchenhohlsäume jeweils 1 Gewebefaden ausziehen, mit dem Klöppelgarn über 3 Gewebefäden sticken.
- Den Rückstich mit 2 Fäden von dem 6-fädigen Sticktwist jeweils in 1 cm Abstand parallel zum Hohlsaum sticken.
- 1 Gewebefaden für den Saum ausziehen und mit einfachem Hohlsaumstich über 3 Gewebefäden säumen.
- Mit dem Falschen Hohlsaum (S. 76) die vier Teile zu einer Mitteldecke zusammenfügen. Hierzu das Klöppelgarn verwenden.

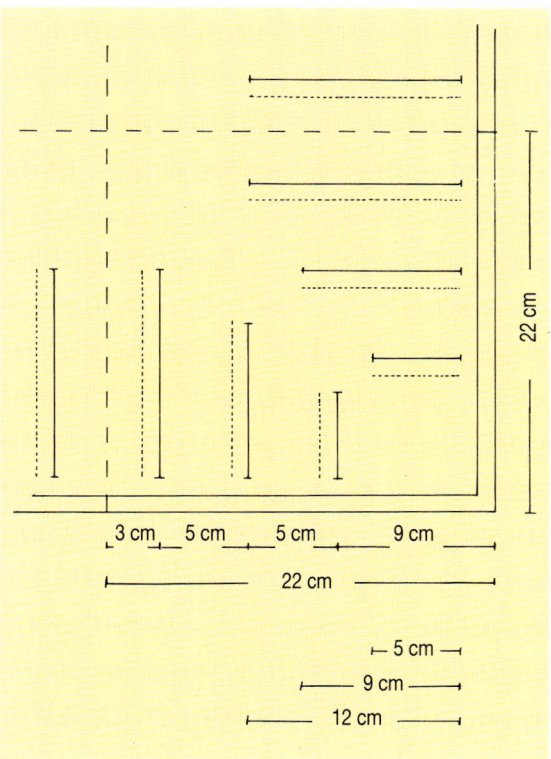

*Aufrissskizze zur Mitteldecke »Kornblume«*

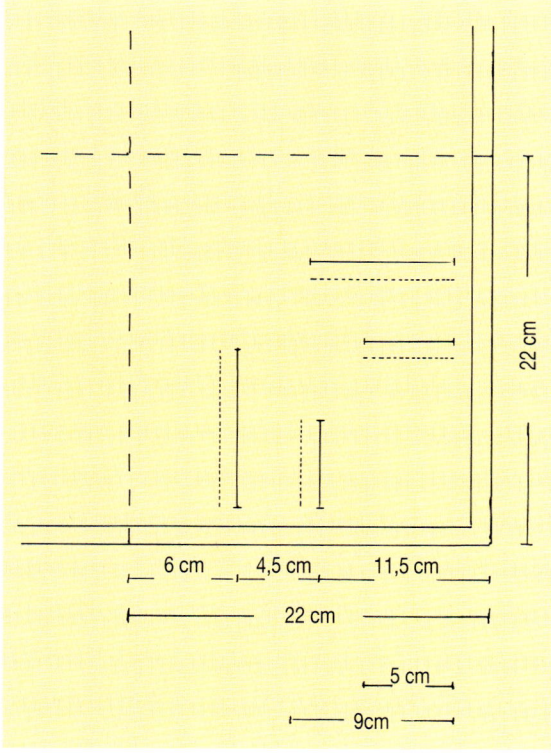

*Aufrissskizze zur Serviette »Kornblume«*

# RAUTENDECKE MIT STERNCHEN

| | |
|---|---|
| *Fertiges Maß:* | 48 x 48 cm |
| *Material:* | 55 x 55 cm Leinen, 8,5 Fäden/cm, weiß, der Weberei Vieböck, Helfenberg (Art.-Nr. 230) für den Hohlsaum: Klöppelgarn 30/2 für die Rauten: Leinen-Stickgarn (Klippan-Bergå) 16/2, Farbe 625 für die Sterne: Leinen-Stickgarn (Klippan-Bergå) 16/2, Farbe 604 |
| *Technik:* | Kästchenhohlsaum (S. 67) gezählter Plattstich kleine Sternstiche Einfacher Hohlsaumstich (S. 65) 1 cm Saum und Ecken mit diagonaler Naht (S. 73) |

ARBEITSANLEITUNG

- Den Leinenstoff für das Stickmuster vorbereiten.
- Das Muster vom Fadenkreuz aus berechnen und nach der Aufrissskizze sticken.
- Das große Sternmuster im gezählten Plattstich in die Eckrauten sticken.
- 1 Faden für den Saum ausziehen und mit dem Einfachen Hohlsaumstich säumen.

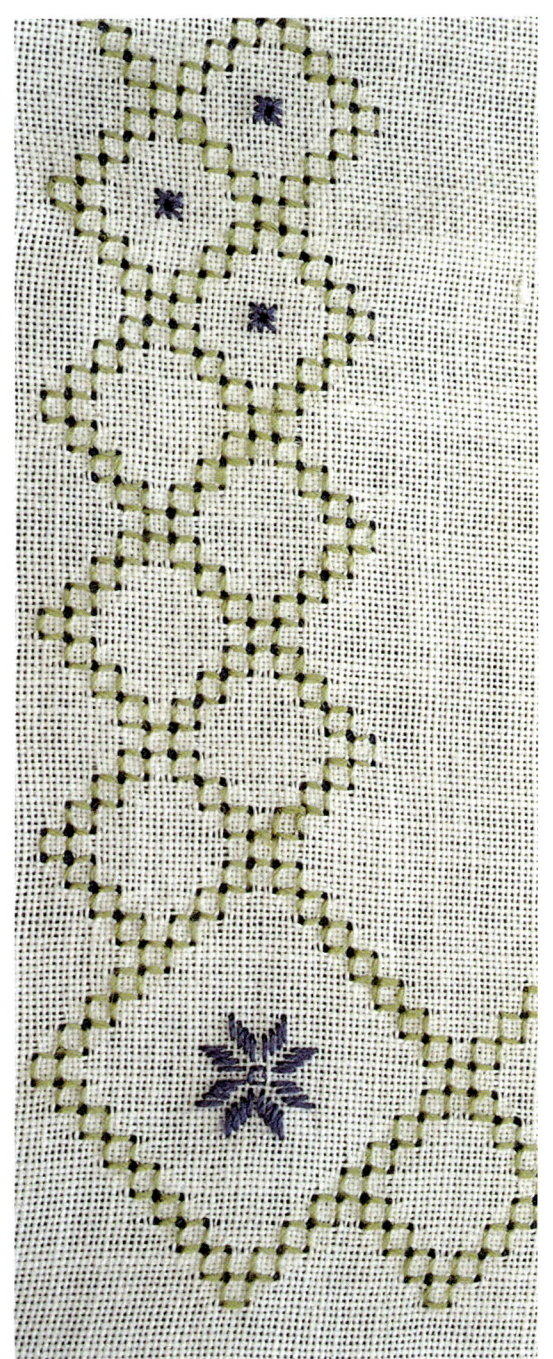

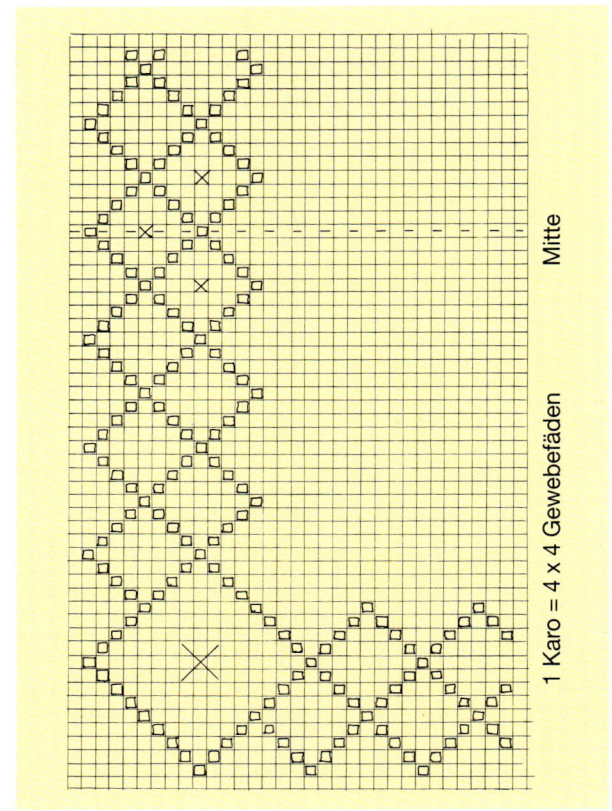

*Aufrissskizze zur Rautendecke mit Sternchen*

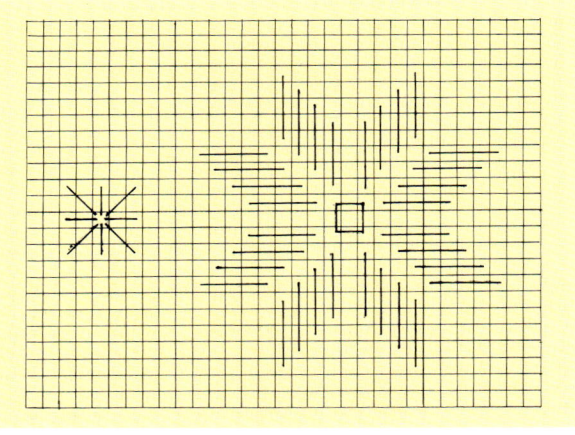

*Zählmuster für die Sterne*

# SET GELB MIT SERVIETTE

| | |
|---|---|
| *Fertiges Maß des Sets*: | 50 x 33 cm |
| *Material für das Set*: | 60 x 45 cm Leinenstoff, 12 Fäden/cm, Weddigen gelb<br>Klöppelgarn Leinen, weiß 40/2<br>Baumwollnähgarn gelb für den Saum |
| *Technik für das Set*: | Kettenstichhohlsaum (S. 66)<br>Kettenstich (S. 62)<br>Kästchenhohlsaum (S. 67)<br>1 cm schmaler Saum mit schrägen Ecken (S. 73) |

ARBEITSANLEITUNG FÜR DAS SET

- Den Leinenstoff für das Muster vorbereiten.
- Die Musterborte liegt rund 14 cm von der Mitte entfernt.
- Die Blümchen bestehen aus 4 Kettenstichen und 1 Kästchenstich und sind mit doppeltem Leinenfaden genäht. Der Kästchenstich wird über 4 x 4 Fäden genäht, der Kettenstich über 6 Fäden. Das Blümchen braucht also sowohl waagerecht als auch senkrecht 16 Fäden. Die Blümchen liegen in beiden Richtungen jeweils 10 Fäden auseinander.
- Der Kettenstichhohlsaum (S. 66) ist 10 Fäden vom Blümchen entfernt und mit einfachem Leinenfaden genäht. Für den Hohlsaum werden in diesem Muster 2 Fäden ausgezogen.

- Die Arbeit in der mittleren Reihe anfangen, und zwar mit der – von der Mitte aus gesehen – ersten Blume. Von hier aus lässt sich das Muster am besten ausrechnen.
- Der »Wendestich« am Hohlsaumende und -anfang zählt nicht als Hohlsaumstich. Er liegt also im Zwischenraum der Ornamente.
- Für den schmalen Saum 1 Faden ausziehen und mit dem Hohlsaumstich säumen.

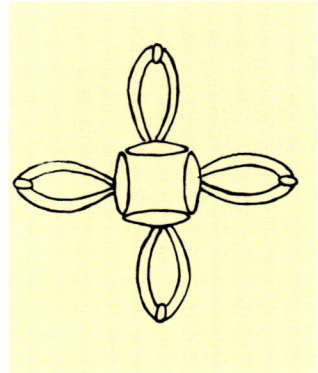

*Das Blümchen*

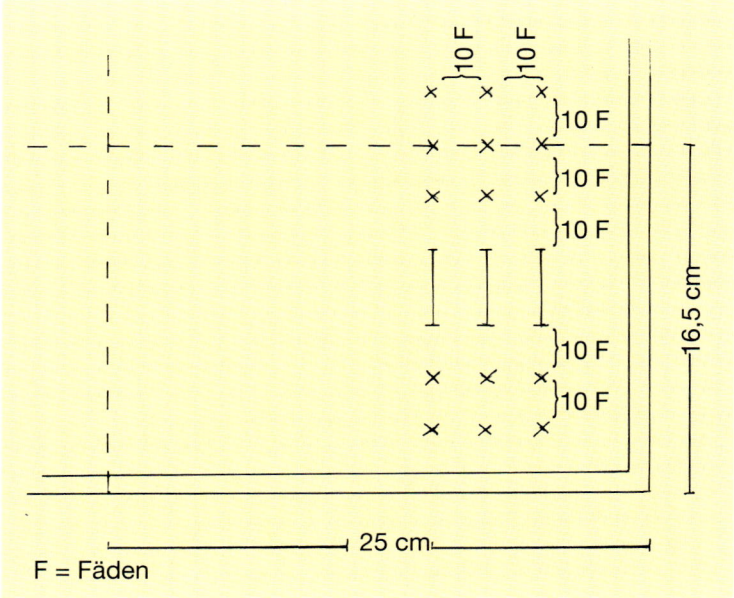

F = Fäden

*Aufrissskizze zum Set gelb*

| *Fertiges Maß* | |
| *der Serviette:* | 35 x 35 cm |
| *Material für* | |
| *die Serviette:* | 45 x 45 cm Leinenstoff, 12 Fäden/cm, Weddigen gelb |
| | Klöppelgarn Leinen 40/2 |
| | Baumwollnähgarn gelb für den Saum |
| *Technik für* | |
| *die Serviette:* | Kettenstichhohlsaum (S. 66) |
| | schmaler Saum mit schrägen Ecken (S. 73) |

ARBEITSANLEITUNG FÜR DIE SERVIETTE

- Den Leinenstoff auf das Muster vorbereiten.
- Das Muster nach der Aufrissskizze sticken.
- 1 Faden für den schmalen Saum (7 mm) ausziehen und mit dem einfachen Hohlsaumstich säumen.

TIPP

Es ist am einfachsten, die Kettenstichhohlsäume von der Ecke aus zu nähen, am besten mit nur einem Stickfaden, um zu vermeiden, dass auf der Rückseite viele Befestigungen nötig werden. Deshalb sollten Sie bei dem Kettenstichhohlsaum mit einem langen Faden in der Ecke anfangen. Die eine Hälfte benutzen Sie für das eine Winkelbein, die andere Hälfte für das zweite. Durch Umwickeln der Fäden in der Ecke entsteht ein kleiner Steg.

*Aufrissskizze zur Serviette gelb*

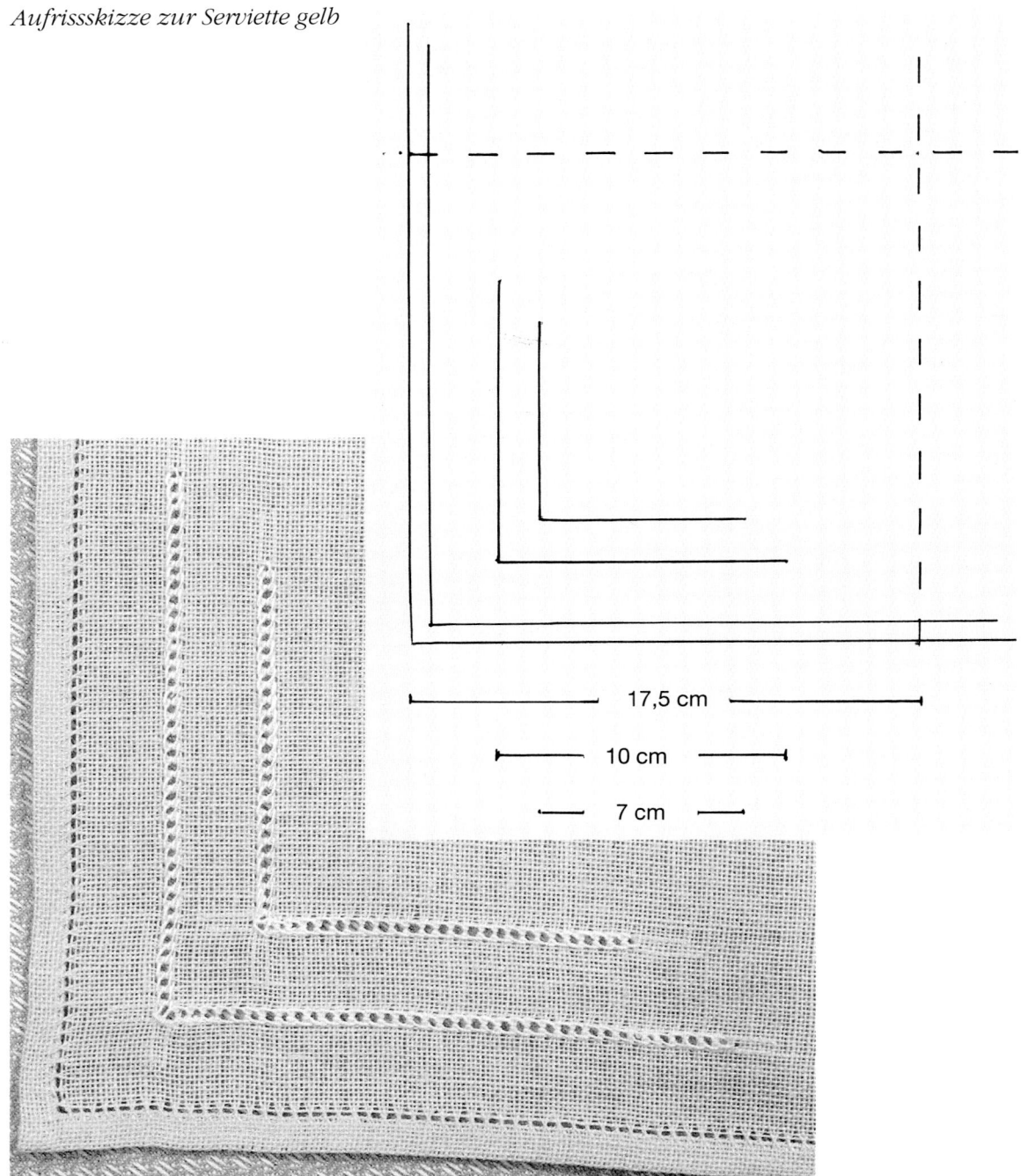

17,5 cm

10 cm

7 cm

40

# SET GRÜN MIT SERVIETTE

| | |
|---|---|
| *Fertiges Maß des Sets:* | 45 x 31 cm |
| *Material für das Set:* | 55 x 40 cm Leinenstoff, 11,2 Fäden/cm, Art. Nr. 3281 der Fa. Zweigart + Sawitzki, Farbe 633 grün<br>für den Stielstich: Anchor Sticktwist Farbe 895 rosé, 922 blau, 877 grün<br>für den Saum: Baumwollnähgarn in zum Stoff passender grüner Farbe |
| *Technik für das Set:* | Stielstich (S. 61)<br>Einfacher Hohlsaum (S. 65)<br>1 cm schmaler Saum mit schrägen Ecken (S. 73) |

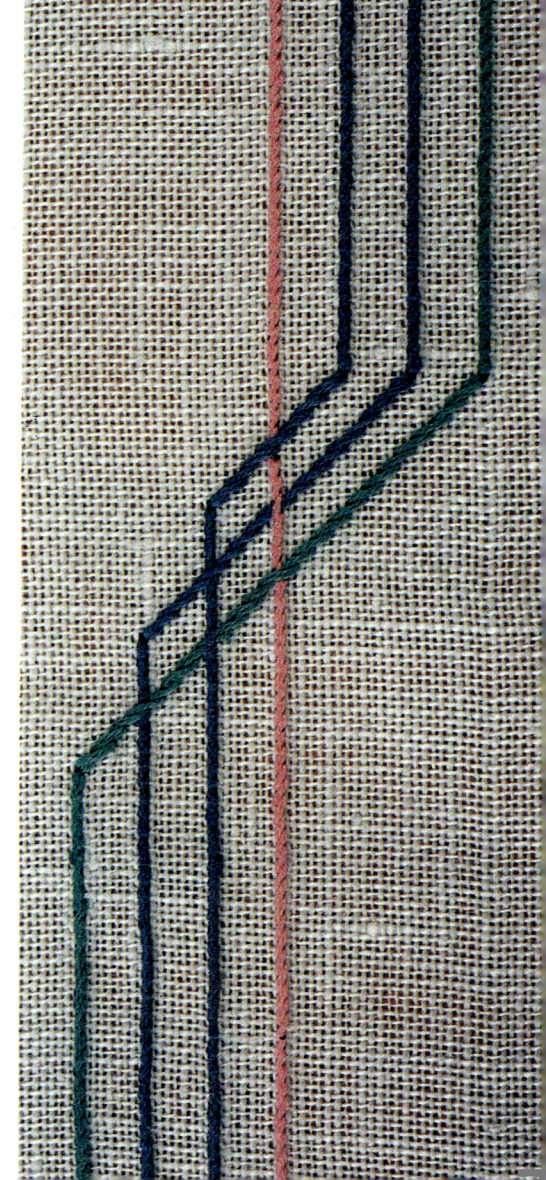

ARBEITSANLEITUNG FÜR DAS SET

- Den Leinenstoff für das Muster vorbereiten.
- Das Muster nach der Aufrissskizze sticken. Gestickt wird mit 3 Fäden von dem 6-fädigen Sticktwist.
- Die Stielstichstreifen liegen 8 Fäden auseinander. Die Stielstiche werden über 2 Fäden genäht. Die Schrägen werden ebenfalls jeweils über 2 Fäden in die Schräge genäht. Die sich kreuzenden Linien werden wie in

41

Leinenbindung geflochten. Die gerade durchlaufende Linie ist rot, dann kommen rechts davon zwei blaue Linien und eine grüne. Nach dem Kreuzen ist die Reihenfolge umgekehrt.

- Auf der gegenüberliegenden Seite sind es 3 gerade Linien. Auch sie liegen 8 Fäden auseinander. Sie befinden sich 3 cm vom Rand. Von der Mitte aus sind die Farben rot, grün und blau.

- Für den ca. 0,75 cm breiten Saum wird 1 Gewebefaden ausgezogen und mit dem einfachen Hohlsaumstich gesäumt.

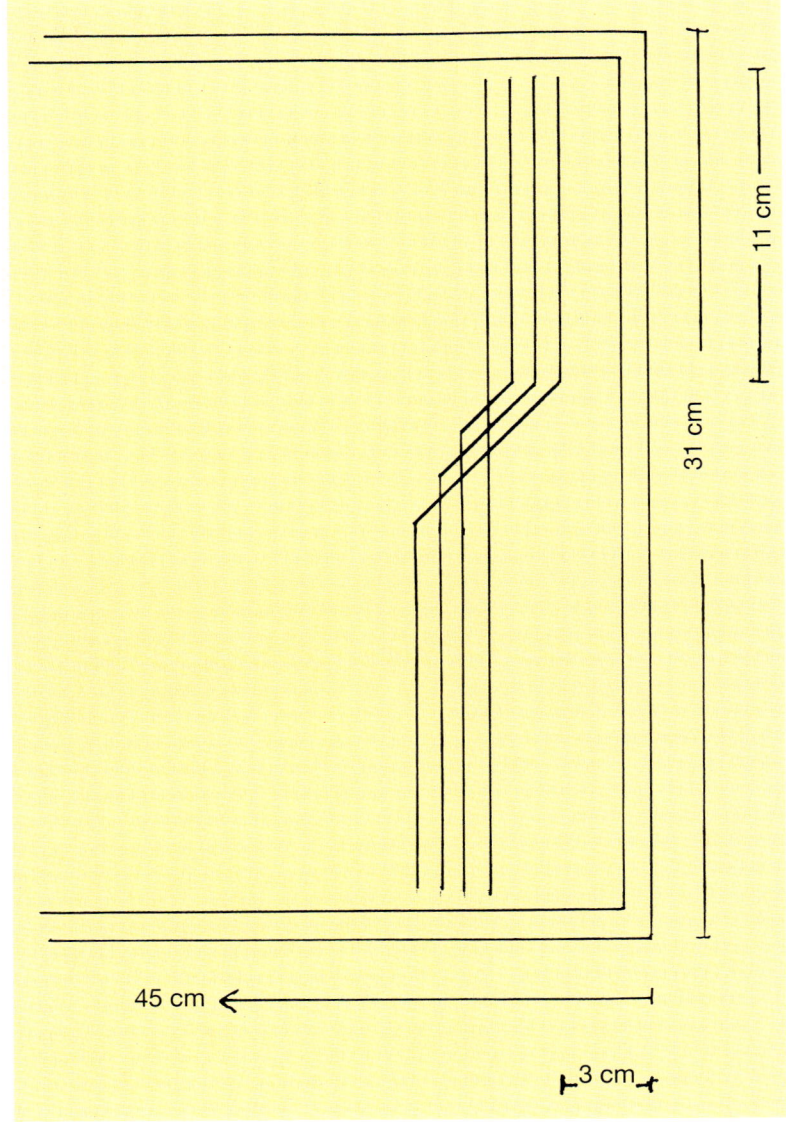

*Aufrissskizze zum Set grün*

| Fertiges Maß der Serviette: | 42 x 42 cm |
|---|---|

**Material für die Serviette:** 47 x 47 cm Leinenstoff 11,2 Fäden/cm, Art. Nr. 3281 der Fa. Zweigart + Sawitzki, Farbe 633 grün
für den Stielstich: Anchor Sticktwist Farbe 895 rosé, 922 blau, 877 grün
für den Saum: Baumwollnähgarn in zum Stoff passender grüner Farbe

**Technik für die Serviette:** Stielstich (S. 61)
Einfacher Hohlsaum (S. 65)
1 cm schmaler Saum mit schrägen Ecken (S. 73)

ARBEITSANLEITUNG
FÜR DIE SERVIETTE

- Den Leinenstoff auf das Muster vorbereiten (S. 9). Die Geraden des Eckmusters sind 2,75 cm vom Rand entfernt.

- Zunächst eine ca. 10 cm lange »Hilfslinie« von der Ecke aus schräg zu Mitte hin jeweils über und unter 2 Gewebefäden reihen.

- Dann die Lage des Eckmusters berechnen und nach der Aufrissskizze sticken. Von der Mitte aus gesehen ist die Farbenfolge: rot, grün, blau. Auch hier liegen 8 Gewebefäden zwischen den Linien.

- Der Saum ist etwa 0,75 cm breit.

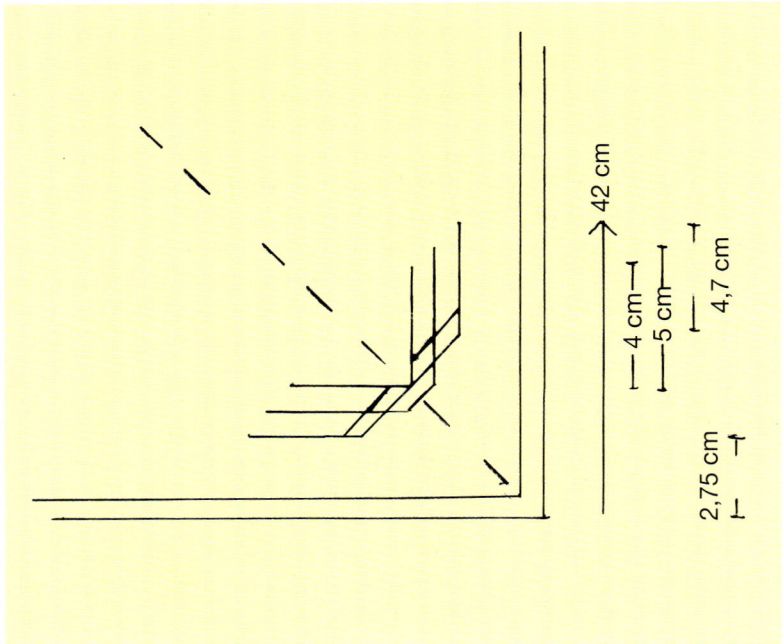

*Aufrissskizze zur Serviette grün*

# KISSEN WEISS-ROT

| | |
|---|---|
| *Fertiges Maß:* | 43 x 43 cm |
| *Material:* | Leinenstoff, 12,6 Fäden/cm, »Belfast« der Firma Zweigart & Sawitzki |
| | für die Hohlsäume: Klöppelgarn 60/2 |
| | für die Kettenstiche: Anchor Sticktwist Nr. 895 |
| *Technik:* | Zickzackhohlsaum (S. 66) |
| | Kettenstich (S. 62) |

ARBEITSANLEITUNG

- Den Leinenstoff nach der Aufrissskizze einteilen und das Fadenkreuz über die Mitte nähen.

- Die Arbeit für die 6 Hohlsäume einteilen: von der Mitte des Fadenkreuz zunächst einmal 7 Reihstiche zählen und anschließend zweimal 14 Reihstiche. Mit einem andersfarbigen Reihfaden durch ein paar kleine Heftstiche diese Punkte rechtwinklig zu den Stichen des Fadenkreuzes auszeichnen.

- Rechts und links von diesem Reihfaden 2 Fäden aus dem Leinenstoff ausziehen und insgesamt 6 Zickzackhohlsäume innerhalb des Karos nähen. Es ist günstig, die Hohlsäume von der Stoffmitte aus anzufangen.

- Jeweils 4 Fäden rechts und links von den Hohlsäumen eine Reihe Kettenstiche mit 2 Fäden von dem 6-fädigen Sticktwist nähen. Siehe hierzu auch die Aufrissskizze (S. 48).

45

- Den Stoff zuschneiden.
- Die Säume an den kurzen Seiten nähen – erster Einbug 1 cm, zweiter Einbug 2 cm.
- Kissenbezug so falten, dass die rechte Seite außen liegt. Die Rückseite des Kissenbezuges besteht aus 2 Teilen. Den kleineren Teil unter den größeren legen. Den oberen Teil an den unteren heften und jeweils an den Seiten des bereits genähten Saumes festnähen – ca. 10 cm (Zeichnung). In der Mitte entsteht ein Schlitz, durch den das Kissen bequem eingesteckt werden kann.
- Die Seitennähte – 1 cm breit – von der linken Seite schließen und die Nähte ausbügeln. 3 cm vom Rand entfernt mit der Nähma-schine von der rechten Seite die Steppnaht nähen.

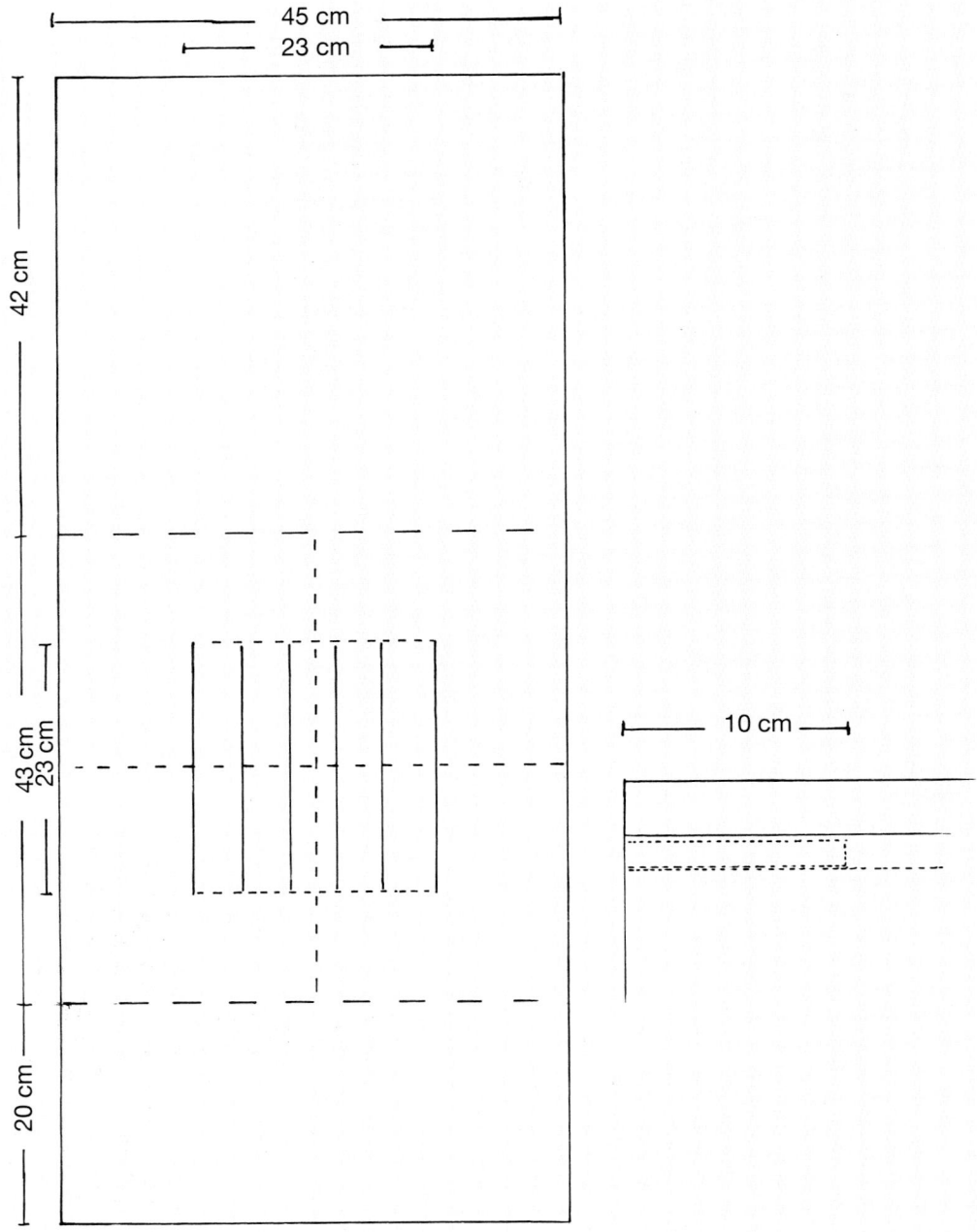

*Aufrissskizze zum Kissen weiß-rot*

# KISSEN »STERNCHENBORTE«

| | |
|---|---|
| *Fertiges Maß:* | 43 x 43 cm |
| *Material:* | Leinenstoff, 12,6 Fäden/cm, »Belfast« der Fa. Zweigart & Sawitzki Perlgarn Nr. 8/weiß |
| *Technik:* | Kästchenhohlsaum (S. 67) Hexenstich (S. 62) gezählter Plattsaum |

ARBEITSANLEITUNG

- Fadenauszug: 1 (4) 1 (6) 1 (4) 1.
- Den Leinenstoff auf die Stickerei vorbereiten.
- Das Muster anhand des Fadenkreuzes ausrechnen. Von der Mitte des Fadenkreuzes sind die Borten auf beiden Seiten jeweils 5,5 cm beziehungsweis 11 cm entfernt.
- Die beiden Sternchen befinden sich vom oberen und vom unteren Rand jeweils 4 cm beziehungsweise 7,75 cm entfernt.
- Zuerst die Kästchenhohlsäume über 4 x 4 Fäden nähen.
- Die 2. Kästchenhohlsaumreihe um 2 Gewebefäden versetzen, d. h. sie beginnt und endet mit 2 x 4 Gewebefäden.
- Die Hexenstichreihe zwischen den beiden Kästchenstichreihen nähen.
- Die kleinen Sterne in Plattstich laut Zählmuster nähen.
- Den Stoff zuschneiden.
- Die Säume an den kurzen Seiten nähen – erster Einbug 1 cm, zweiter Einbug 2 cm.
- Kissenbezug so falten, dass die rechte Seite außen liegt. Die Rückseite des Kissenbezuges besteht aus 2 Teilen. Den kleineren Teil unter den

größeren legen. Den oberen Teil an den unteren heften und jeweils an den Seiten des bereits genähten Saumes festnähen – ca. 10 cm (Zeichnung). In der Mitte entsteht ein Schlitz, durch den das Kissen bequem eingesteckt werden kann.

● Die Seitennähte – 1 cm breit – von der linken Seite schließen und die Nähte ausbügeln. 3 cm vom Rand entfernt mit der Nähmaschine von der rechten Seite die Steppnaht nähen.

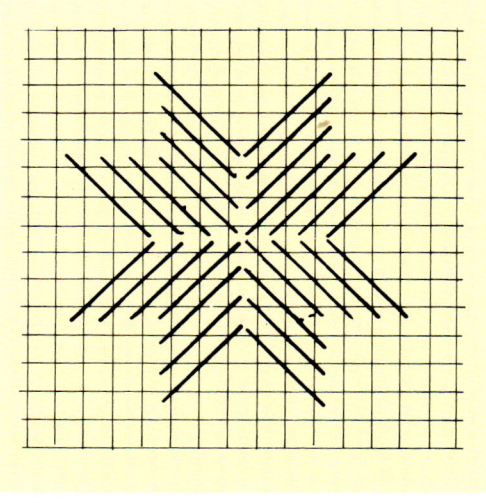

*Zählmuster für die Sternchen*

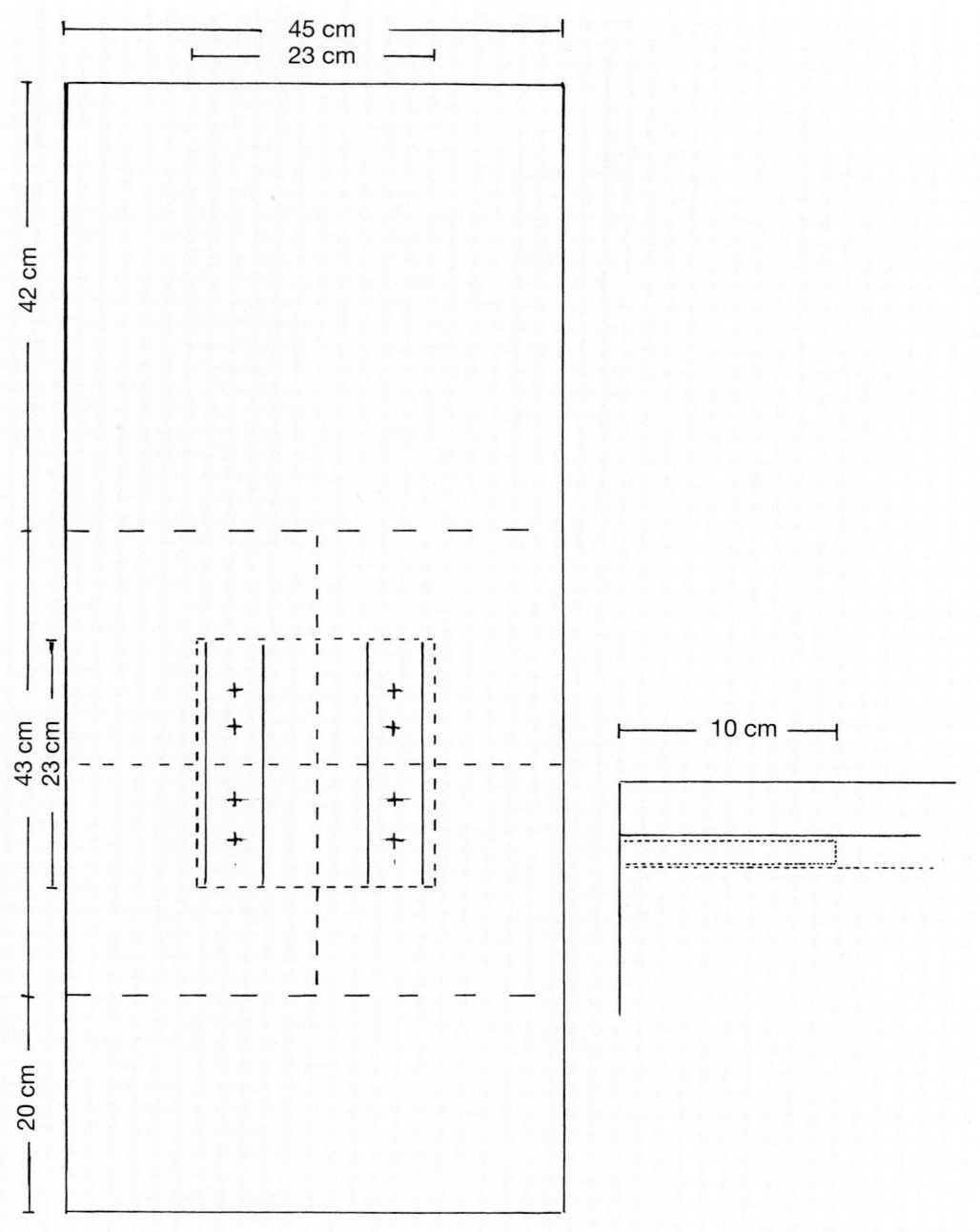

*Aufrissskizze zum Kissen »Sternchenborte«*

# TELLERDECKE »KLEINE LEITERN«

| | |
|---|---|
| *Fertiges Maß:* | 18,5 cm Durchmesser |
| *Material:* | 25 x 25 cm Leinenstoff, 14 Fäden/cm, »Edinburgh« der Fa. Zweigart & Sawitzki<br>für den Hohlsaum: Klöppelgarn 60/2<br>Sticktwist Nr. 1 weiß<br>Baumwollnähgarn 50, weiß<br>Glanzschrägband, weiß |
| *Technik:* | Stäbchenhohlsaum (S. 65)<br>Stielstich (S. 61)<br>Anbringen des Schrägbandes (S. 78) |

ARBEITSANLEITUNG (AUFRISSSKIZZE SIEHE SEITE 60)

- Mit einem Zirkel einen Kreis auf den Stoff zeichnen. (Man kann den Kreis auch mit Bleistift um einen Teller von passender Größe zeichnen.)
- Eine Maschinennaht direkt auf der Zirkellinie nähen.
- Den Stoff für die Stickerei vorbereiten (S. 9).
- Das Stickmuster nach der Aufrissskizze nähen.
- Zwischen den Stielstichreihen befinden sich 10 Gewebefäden.
- Zwischen den Hohlsaumreihen und den Stielstichreihen sind 20 Gewebefäden.
- 6 Fäden für den Hohlsaum ausziehen und den Hohlsaum auf der rechten Seite über 4 Gewebefäden nähen.
- Den Stielstich mit zwei Fäden von dem 6-fädigen Sticktwist über 4 Fäden sticken.
- Den überstehenden Stoff etwa 1,5 mm von der Maschinennaht abschneiden – die Maschinennaht dient jetzt dazu, das Deckchen in Form zu halten.

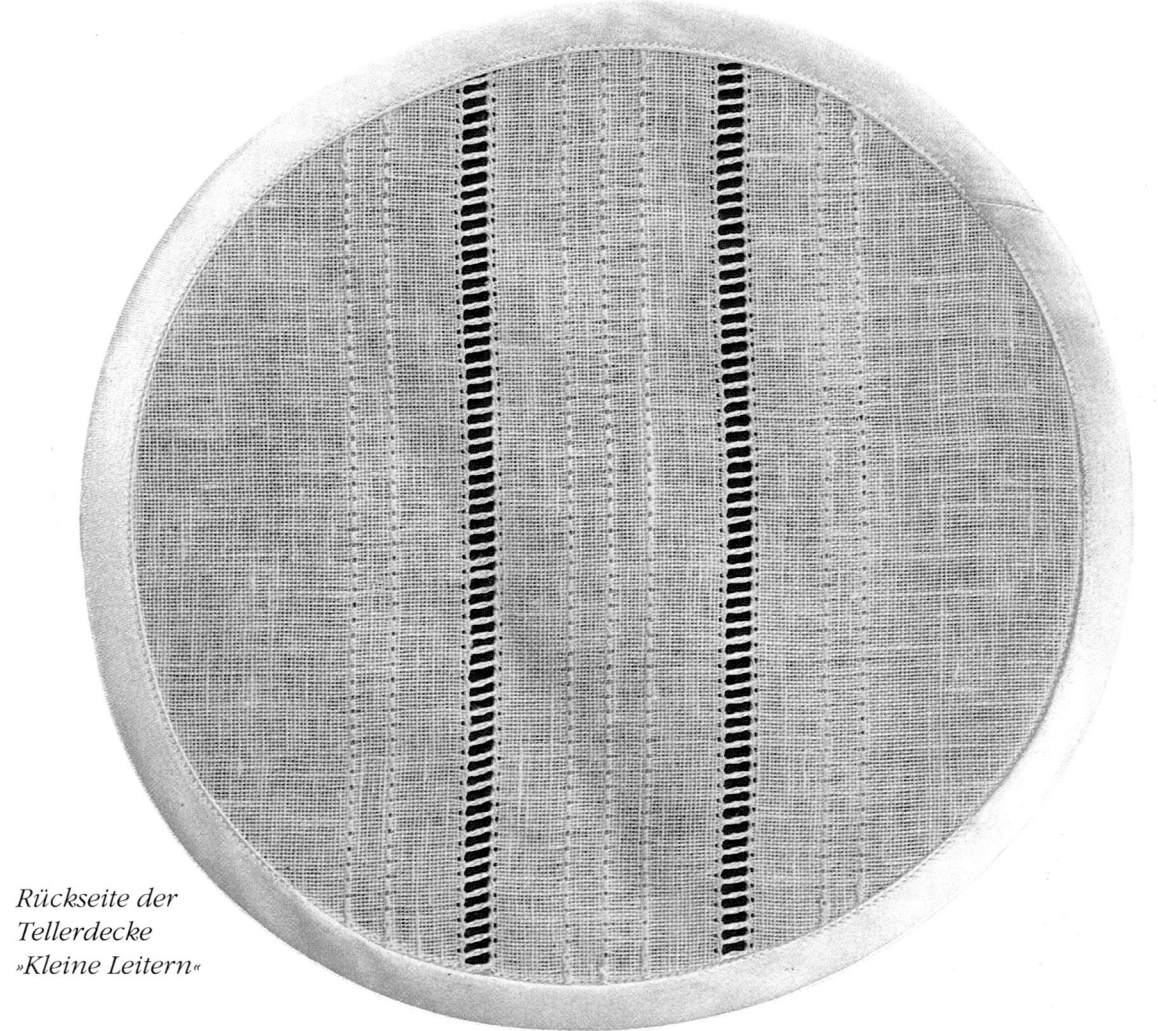

*Rückseite der*
*Tellerdecke*
*»Kleine Leitern«*

● Das Schrägband am Stoffrand auf der linken Seite mit Vorstichen annähen, dann in passender Länge abschneiden und die Enden so zusammennähen, wie es die Nähprobe auf Seite 78 zeigt. Das Schrägband danach mit einer Maschinennaht festnähen.

● Das Schrägband um den Stoffrand auf die rechte Seite wenden und zuerst mit dem Reihfaden annähen. Dann mit der Nähmaschine eine Steppnaht anbringen.

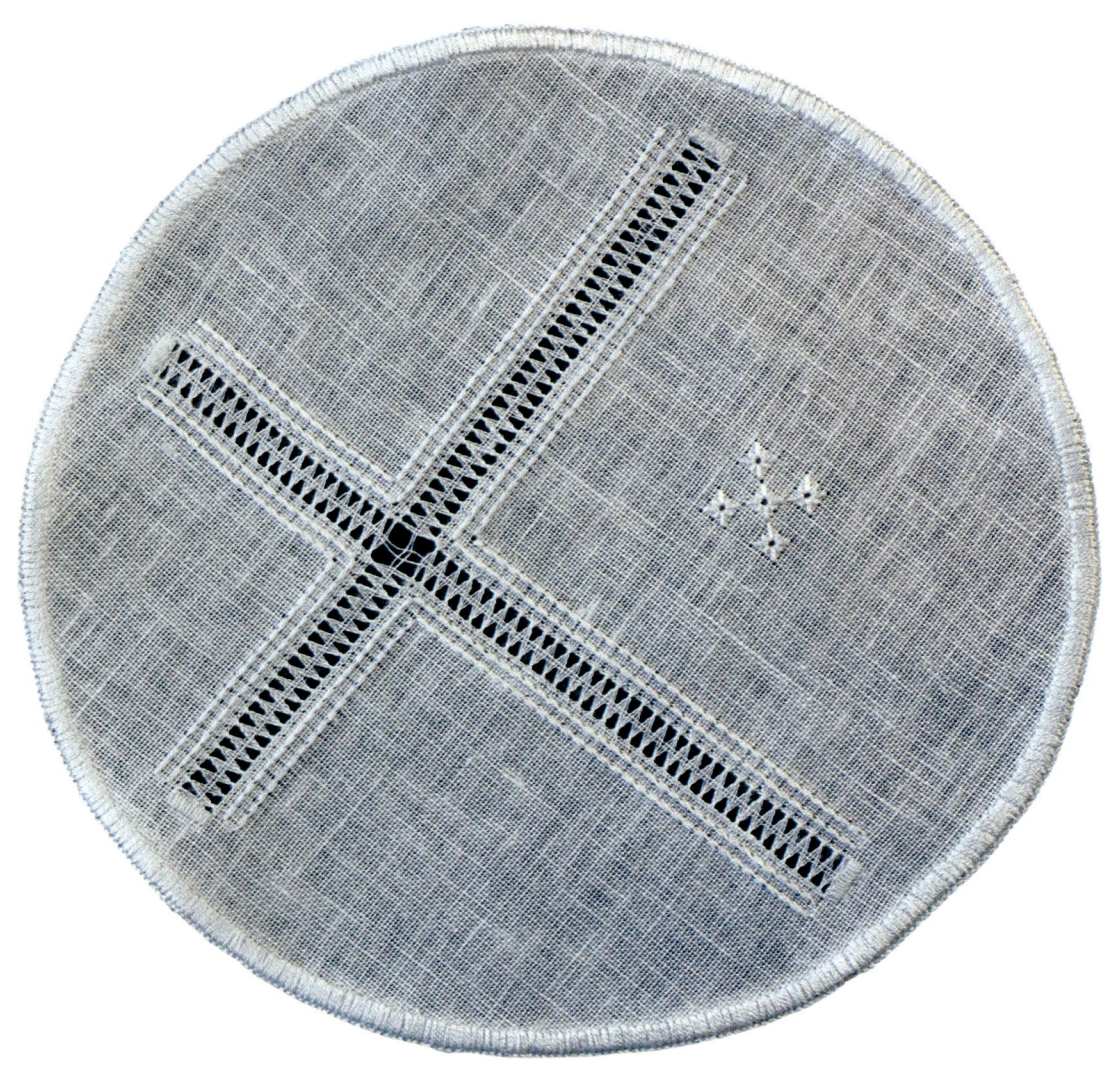

| | |
|---|---|
| *Fertiges Maß:* | 18,5 cm Durchmesser |
| *Material:* | 25 x 25 cm Leinstoff, 14 Fäden/cm, »Edinburgh« der Fa. Zweigart & Sawitzki<br>für den Hohlsaum: Klöppelgarn 60/2<br>Sticktwist Nr. 1 weiß |
| *Technik:* | einfacher Hohlsaumstich (S. 65)<br>Stielstich (S 61)<br>kleine Sternchenstiche<br>Festonstiche (S. 64) |

ARBEITSANLEITUNG

- Mit einem Zirkel einen Kreis auf den Stoff zeichnen. (Man kann den Kreis auch mit Bleistift um einen Teller von passender Größe zeichnen.)
- Eine Maschinennaht direkt auf der Zirkellinie nähen.
- Den Stoff für die Stickerei vorbereiten (S. 9). Das Fadenkreuz über die Schräge des Leinenstoffes nähen.
- Das Stickmuster nach der Aufrissskizze nähen.
- Der Auszug für den Hohlsaum beträgt 4 (2) 4 Fäden.
- Der Hohlsaum wird über 4 Fäden auf der linken Stoffseite gearbeitet. Man stickt wie beim Zickzackhohlsaum, aber lässt in der Mitte 2 Gewebefäden vom Leinenstoff stehen.
- Zwischen den einzelnen Stielstichreihen sowie zwischen Stielstichreihen und Hohlsaum befinden sich jeweils 4 Gewebefäden.
- Den überstehenden Stoff am Kreis entlang zur linken Seite falten, sodass eine Art Einbug entsteht, den Sie dann mit schräg gestellten Vorstichen dicht an der Einbugkante festhalten.
- Am Stoffrand 2 Maschinennähte nähen.
- Den überstehenden Stoff abschneiden (ca. 0,5 cm).
- Mit Festonstichen den Rand umnähen. Dafür werden 3 Fäden von dem 6-fädigen Sticktwist verwendet.

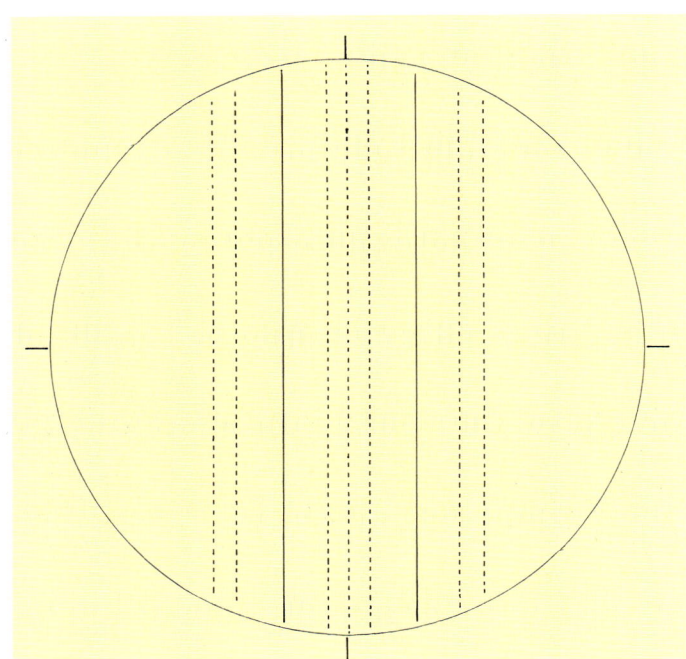

*Aufrissskizze zur Tellerdecke*
*»Kleine Leitern«*

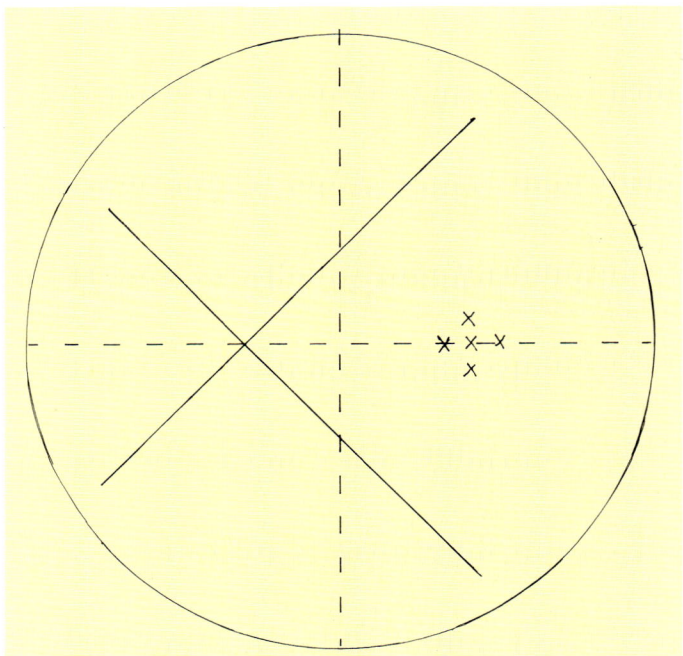

*Aufrissskizze zur Tellerdecke*
*»Asymmetrisches Kreuz«*

# BESCHREIBUNG
# DER VERWENDETEN ZIERSTICHE

Die unten aufgeführten Stiche sind in gebundener Form über 4 Gewebe-fäden gestickt und beschrieben. Alle Stiche – ausgenommen der Kreuzstich – werden auch in freien Formen gearbeitet. Dann bestimmt das Augenmaß die Ein- und Ausstechpunkte.

## DER RÜCKSTICH

- Von rechts nach links sticken.
- Der Rückstich wird über 2 oder mehr Gewebefäden gestickt.
- Beim ersten Stich die Nadel 4 Gewebefäden nach links ausstechen, *da-nach 4 Gewebefäden nach rechts wieder einstechen und dann die Nadel 8 Gewebefäden nach links führen und dort ausstechen*.
- Diesen Vorgang von * bis * wiederholen.

HINWEIS

Bei Rückstichen und Stielstichen kann man die Arbeit um 180° wenden und dann in die andere Richtung weiterarbeiten.

## DER STIELSTICH

- Von links nach rechts sticken.
- Der Stielstich wird über 2 oder mehr Gewebefäden gestickt.
- Der erste Stich ist ein halber Stich über 4 Gewebefäden, d. h. die Nadel links am Rand ausstechen, 4 Fäden nach rechts einstechen, 4 Gewebefä-den zurückgehen und die Nadel am Rand wieder ausstechen.

- Alle weitere Stiche: 8 Gewebefäden nach rechts die Nadel einstechen, 4 Gewebefäden zurückgehen und die Nadel ausstechen.
- Der letzte Stich geht über 4 Gewebefäden nach rechts und ist ebenfalls ein halber Stich.
- Wenn eine Stielstichreihe um einen Winkel geht, wird direkt an der Winkelspitze die Reihe abgeschlossen. Auf der linken Stoffseite zur Befestigung einen kleinen Stich um einen Stickfaden nähen, dann wieder an der Spitze neu anfangen.

## DER KETTENSTICH

Der Kettenstich wird von oben nach unten gestickt. Er kann über 2 oder mehr Gewebefäden gestickt werden.

- Die Nadel am Anfang der Linie ausstechen, an derselben Stelle wieder einstechen und 4 Gewebefäden nach unten die Nadel ausstechen.
- Dabei den Stickfaden von links unter die Nadelspitze führen und die Nadel hindurchziehen.
- Den letzten Kettenstich einer Reihe mit einem kleinen Vorstich festhalten.

## DER HEXENSTICH

Beim Hexenstich sind die Stiche versetzt gestickt. Sie können eng beieinander gearbeitet werden oder auch etwas weiter auseinander liegen.

- Von links nach rechts nähen.
- Beim ersten Stich die Nadel auf halber Höhe der vorgesehenen Stichgröße ausstechen.
- Der Stich geht über 4 Gewebefäden in der Breite und 8 in der Höhe.
- Werden die Stiche eng zusammengenäht, versetzt man sie jeweils um 2 Gewebefäden, liegen sie weiter auseinander, um 4 Fäden oder mehr.
- Beim letzten Stich die Nadel auf halber Höhe einstechen.

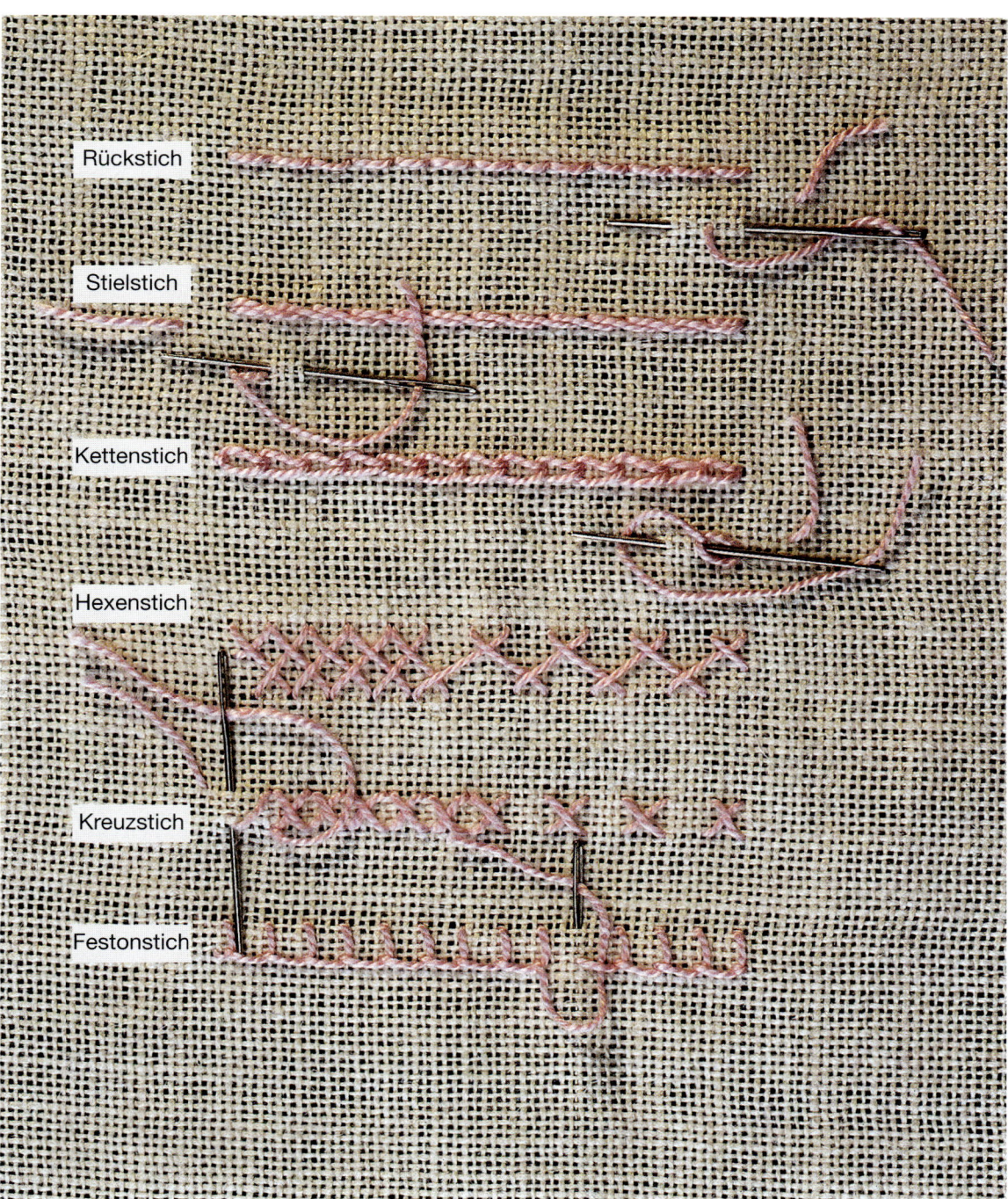

Rückstich

Stielstich

Kettenstich

Hexenstich

Kreuzstich

Festonstich

63

# DER KREUZSTICH

Hier handelt es sich um einen Zählstich. Am schönsten ist er, wenn er über 2 oder 4 Schuss- und Kettfäden liegt. Wenn die Kreuzstiche über 3 x 3 Fäden genäht werden, entsteht eine unregelmäßige Stichreihe.

In einer Kreuzsticharbeit müssen alle Stiche die gleiche Richtung haben, d. h. alle im Kreuz unten liegenden Stiche werden von rechts nach links genäht und die oben liegenden von links nach rechts. Man kann es auch umgekehrt machen, nur muss man sich gleich am Anfang für eine Stichrichtung entscheiden. Alle Stiche müssen in derselben Richtung zum Licht liegen, damit die bestickte Fläche ein harmonisches Aussehen bekommt.

Auf der Rückseite liegen alle Stiche in einer Richtung.

Falls es beim Sticken Arbeit spart, so kann die Arbeit um 180° gedreht werden. Das ändert nichts an der Stichrichtung.

# DER FESTONSTICH

Die Festonstiche werden häufig als Randabschluss verwendet. Hierfür stickt man sie sehr eng. Genauso gut kann man sie aber auch, in größeren Abständen gestickt, für andere dekorative Zwecke gebrauchen.

- Von links nach rechts nähen.
- Am unteren Stichrand die Nadel ausstechen.
- 4 Gewebefäden diagonal darüber einstechen und 4 Gewebefäden senkrecht darunter ausstechen.
- Den Stickfaden von links nach rechts unter die Nadelspitze führen und die Nadel durchziehen.
- Beim Schließen eines Kreises den letzten Stich unter den ersten führen und 4 Gewebefäden darüber einstechen.
- Wenn es sich um eine Festonstichreihe handelt: den ersten Stich am unteren Stichrand kurz halten, z. B. über 1 Gewebefaden. Den letzten Stich mit einem kleinen Vorstich festhalten.

# DIE VERWENDETEN HOHLSÄUME

## EINFACHER HOHLSAUMSTICH

Der einfache Hohlsaumstich dient als Grundstich in vielen Hohlsaummustern.
Einen oder mehrere Gewebefäden ausziehen. Auf der linken Stoffseite von links nach rechts nähen. Die Sticknadel mit dem Arbeitsfaden bei A ausstechen und 2–4 frei gelegte Fäden aus der Fadenrinne mit dem ersten Stich erfassen. Der zweite Stich (B) erfasst zwei Gewebefäden unter der Fadenrinne.

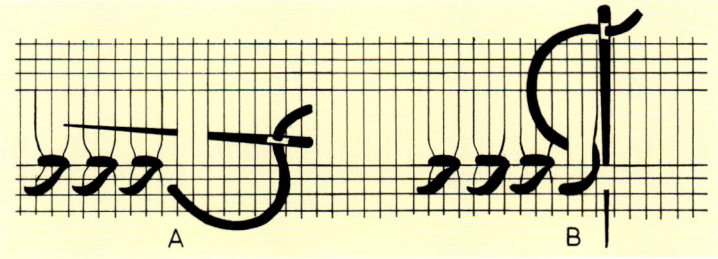

## STÄBCHEN-HOHLSAUM

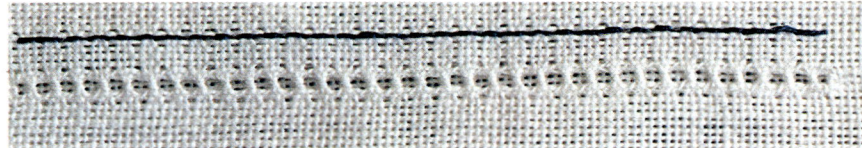

Je nach Stoffqualität und Stäbchengröße einen oder mehrere Gewebefäden ausziehen. Mit dem einfachen Hohlsaumstich (Muster 1) an beiden

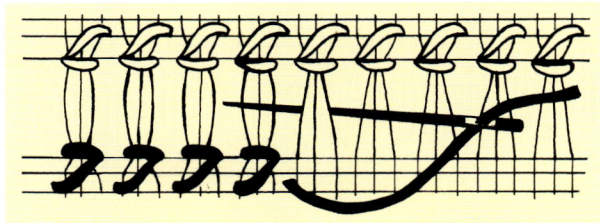

Rändern der Fadenrinne dieselben frei gelegten Fäden bündeln, so dass die Stäbchen parallel zu einander liegen. (Hier wurden 3 Gewebefäden ausgezogen und 3 frei gelegte Fäden gebündelt.)

# ZICKZACK-HOHLSAUM

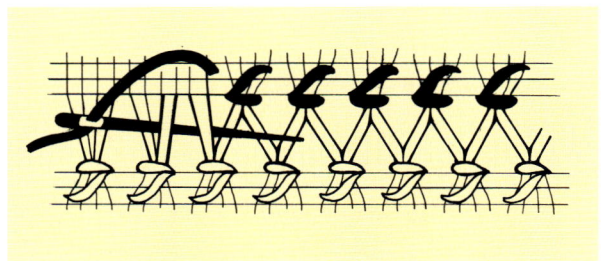

Je nach Stoffstärke 3–5 Gewebefäden ausziehen. Am ersten Rand der Fadenrinne 4 frei gelegte Fäden mit dem einfachen Hohlsaumstich (Muster 1) bündeln; beim Zurücknähen am zweiten Rand die Bündel um 2 Fäden versetzen.

# KETTENSTICH-HOHLSAUM

3 Gewebefäden ausziehen. Gearbeitet wird auf der rechten Stoffseite. Die frei gelegten Fäden liegen dabei waagerecht. Erst die linke Seite von oben nach unten nähen; die Arbeit um 180° drehen und die andere Seite ebenso nähen. Die Kettenstiche gehen über 3 frei gelegte Fäden. Den Arbeitsfaden nicht zu fest anziehen.

# HOHLSAUM MIT GITTERWERK

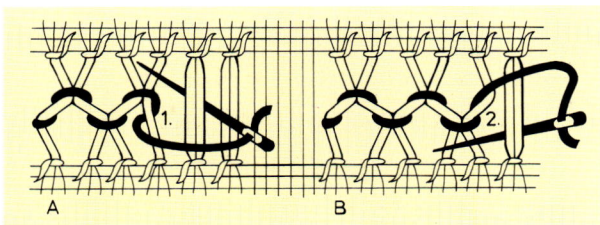

6 Gewebefäden ausziehen. Stäbchenhohlsaum (S. 65) nähen und dabei 3 frei gelegte Fäden bündeln. Auf der rechten Stoffseite die Stäbchen zu einem Gitterwerk verbinden: Den Durchziehfaden von links nach rechts arbeiten. Die Stiche gehen jeweils über zwei Stäbchen vorwärts und unter das zweite Stäbchen zurück (1., 2.). Bei dem unten liegenden Stich (A) liegt der Arbeitsfaden unter, bei dem oben liegenden über der Sticknadel. – Die Stiche gut anziehen und während der Arbeit möglichst festhalten.

# KÄSTCHEN- HOHLSAUM

1 (3) 1 Gewebefäden ausziehen. Auf der rechten Stoffseite von oben nach unten nähen. Die frei gelegten Fäden liegen bei der Arbeit waagerecht. Die Kästchenstiche werden um den zwischen den beiden Fadenrinnen liegenden Stoffsteg genäht. Der erste Stich beginnt bei 1. In der Reihe besteht die Stichkombination aus 3 Stichen. Stich 1 dient auch als abschließender Stich.

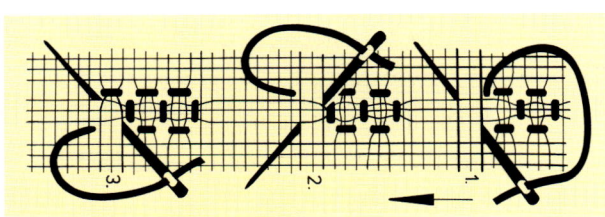

Auf der Rückseite liegen alle Stiche diagonal. Der Kästchenhohlsaum kann als kompletter Stich auch in diagonalen Reihen gearbeitet werden (Farbfoto; vgl. auch Abb. S. 68).

# KÄSTCHEN-HOHLSAUM MIT GITTERWERK

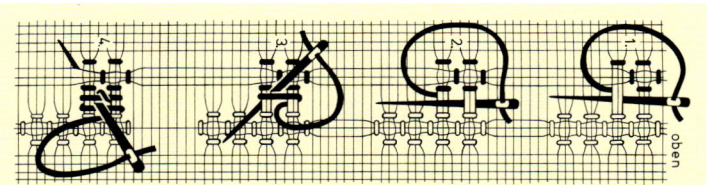

1 (3) 3 (3) 1 Fäden ausziehen. Das Muster wird auf der rechten Stoffseite in 2 Reihen von oben nach unten genäht: Kästchen-hohlsaum über 3 Stofffäden am rechten Rand nähen. Bei der zweiten Reihe am linken Rand werden die in der Mitte freigelegten Fäden umnäht. Mit Kästchenhohlsaum beginnen. Alles Weitere zeigt die Zeichnung. Die Reihe mit einem Stich von links nach rechts schließen.

# KÄSTCHENHOHL-SAUM + KÄST-CHENSTICHE, IN SCHRÄGEN REI-HEN GEARBEITET, + KLEINE STERNSTICHE

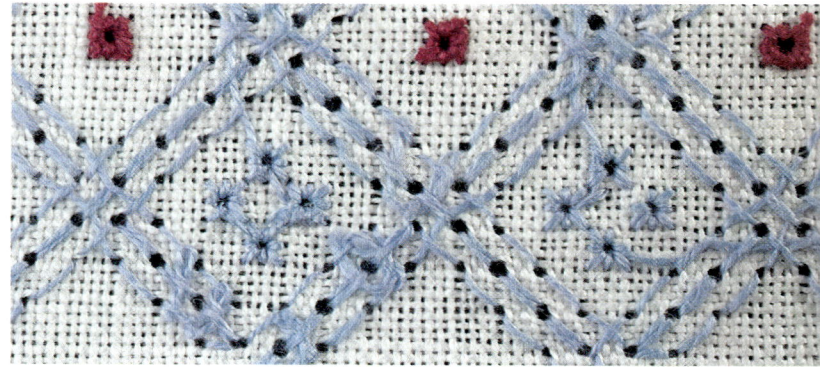

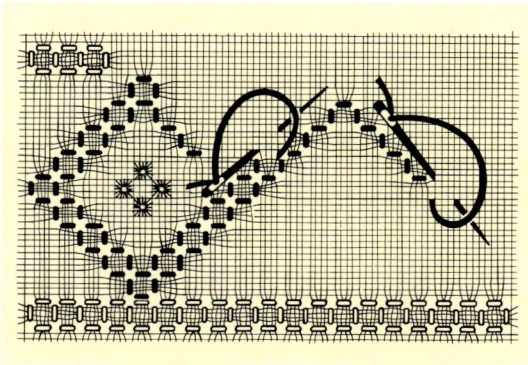

Die Borte geht über 40 Gewebefäden. Es werden keine Fäden aus dem Gewebe gezogen. Die Arbeitszeichnung zeigt das Muster. Der Kästchenhohl-saum in schrägen Reihen hat auf der Rückseite parallel liegende Stiche. Die Sternstiche von der Mitte nach außen nähen. In der Mitte entsteht ein Loch (siehe S. 67: Kästchenhohlsaum).

# FADENSICHERUNG AM ENDE DER FADENRINNE

Den mit Rückstichen gesicherten Schnittrand mit Festonstichen übernähen. Wenn die Festonstichreihe beendet ist, die überhängenden Fäden abschneiden.

Alternativ kann der Schnittrand gesichert werden, indem die ausgezogenen Fäden mit der spitzen Sticknadel über einige Gewebefäden in das Gewebe zurückgestopft werden.

# ECKE MIT DIAGONALER NAHT
## für Säume über 1,5 cm Breite

1. Den Saum und die Ecke mit Reihfaden genau kennzeichnen.

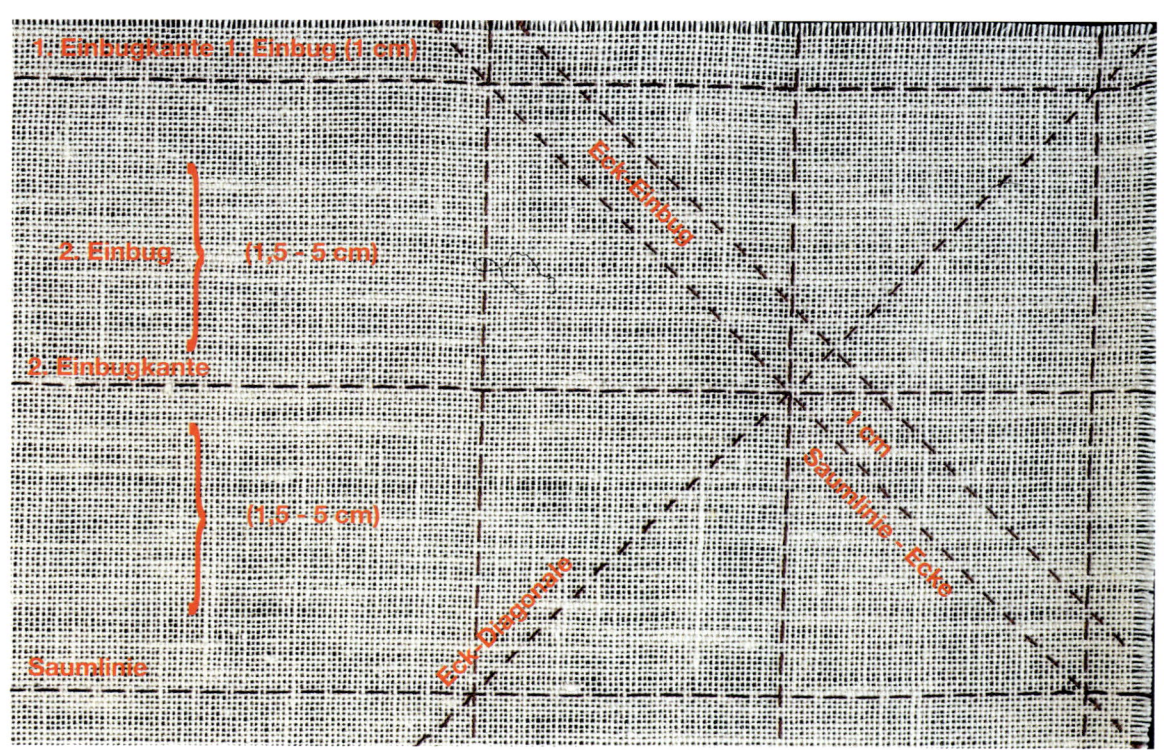

2. An der Saumlinie
Gewebefäden für
den Hohlsaum aus-
ziehen und diese
entweder durch
Zurückstopfen in
das Gewebe oder
mittels Rückstichen
mit sehr feinem Fa-
den am Gewebe-
rand festnähen.

3. Die Ecke abschneiden, so dass der Eckeinbug 1 cm breit ist.
4. Den Stoff über die Eckdiagonale falten, dabei das Gewebe rechts auf
   rechts legen.
5. Entlang der Saumlinie
   von der Spitze aus
   (zweite Einbugkante)
   bis zur ersten Einbug-
   kante entweder Rück-
   stiche oder eine Ma-
   schinennaht nähen
   und die äußerste Spit-
   ze vorsichtig ab-
   schneiden oder an-
   schneiden.

6. Den Saum auseinander bügeln und die Ecke wenden.
7. Die Einbüge an den Einbugkanten falten, eventuell bügeln.
8. Die erste Einbugkante auf die Saumlinie legen und mit Reihfaden heften.
9. Mit einfachem Hohlsaumstich (S. 65) säumen. Beim Säumen erfasst dieser Hohlsaumstich wechselweise ein Fadenbündel am unteren Rand der Fadenrinne und zwei Gewebefäden von der ersten Einbugkante.

## HANDGENÄHTE ECKE ALS ALTERNATIVE

1. Die Punkte 1 bis 4 wie oben.
2. Den Eckeinbug und den ersten Einbug um die erste Einbugkante falten und eventuell bügeln.
3. Den zweiten Einbug um die zweite Einbugkante falten und eventuell bügeln.
4. Eckeinbug mit Stecknadeln an der Eckdiagonale festhalten.
5. Die 1. Einbugkante auf die Saumlinie legen; die Saumlinien der Ecke liegen auf der Eckdiagonale.
6. Den Saum und die Ecken heften.
7. Den Ecksaum von Hand nähen – an der Spitze (zweite Einbugkante) anfangen und eine Stoßnaht nähen.
8. Mit einfachem Hohlsaumstich säumen.

# ECKE MIT DIAGONALER NAHT
## für Säume bis zu 1,5 cm

1. Den schmalen Saum (bis 1 cm) nach abgezählten Gewebefäden arbeiten. Wenn z. B. der erste Einbug 9 und der zweite Einbug 10 Gewebefäden hat, zählt man von der zweiten Einbugkante bis zur Saumlinie ebenfalls 10 Gewebefäden. Der darauf folgende 11. Faden an der Saumlinie wird für den Hohlsaum herausgezogen.
Wird der Saum breiter als 1 cm, so genügt es, wenn der erste Einbug 1 cm breit ist. Von der ersten Einbugkante bis zur zweiten Einbugkante sollten es genauso viele Gewebefäden sein wie von der zweiten Einbugkante aus.

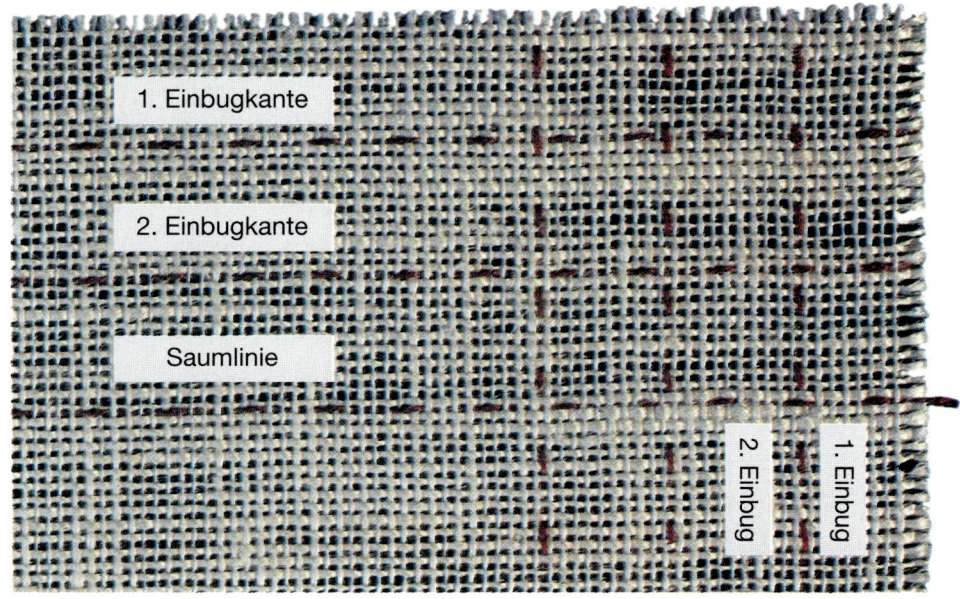

2. Den Saum einbiegen und an der Ecke 3 Stecknadeln ein- stecken.

3. Den Saum bis auf den ersten Einbug ausein- ander falten. Die Ein- steckpunkte der drei Stecknadeln befinden sich jetzt auf einer dia- gonalen Linie. Die Spit- ze nach innen (Rich- tung Stoffmitte) falten.

4. Die Ecke um die mittlere Stecknadel falten. Der Stoff liegt jetzt rechts auf rechts, die beiden äußeren Stecknadeln liegen übereinander. Die Diagonale, die nun doppelt liegt, mit feinem Faden und mit kleinen Überwendlingsstichen zusammennähen – bei den beiden übereinander liegenden Stecknadeln anfangen und bis zur Spitze (mittlere Nadel) hin arbeiten.

5. Die Spitze zurück-
   schneiden, so dass
   etwa 0,5 cm Saum blei-
   ben. Den Saum ausein-
   anderfalten und glatt
   ziehen.

6. Die Ecken wenden,
   den Saum mit Reihfa-
   den heften und danach
   mit einfachen Hohl-
   saumstichen säumen.
   Vor dem Säumen müs-
   sen die Stoffränder von
   den sichernden Stichen
   befreit werden. Das
   geht am besten mit der
   Schere. Die Stoffränder
   werden vor dem Säu-
   men fadengerade ge-
   schnitten.

# DER FALSCHE HOHLSAUM

Diese Stichart wird angewendet, um gesäumte Stoffränder aneinander zu nähen. Mit der unten aufgeführten Technik lassen sich die Stoffränder mit gleichmäßigem Abstand verbinden.

- Auf einen ca. 12 – 15 cm breiten Nesselstoffstreifen in der Mitte zwei parallele Linien aufzeichnen, die 1/2 cm auseinander liegen.
- Zwei der zusammenzunähenden Teile jeweils mit der Einbugkante auf die parallelen Linien legen und ca. 2 cm von dieser Linie entfernt mit mittleren Vorstichen auf dem Nesselstoff festnähen.
- Den Falschen Hohlsaum von rechts nach links nähen.
- Die Nadel durch den unteren Saum führen und an der Einbugkante ausstechen.
- Mit der Nadel 2 Gewebefäden an dem oberen Saum erfassen und den Stickfaden hindurchziehen.
- Den bereits entstandenen Verbindungsstich einmal umwickeln und die Nadel an derselben Stelle der unteren Einbugkante wieder einstechen, an der am Anfang des falschen Hohlsaumstiches ausgestochen wurde.
- Jetzt die Nadel vier Fäden weiter ausstechen und den nächsten Falschen Hohlsaumstich nähen.

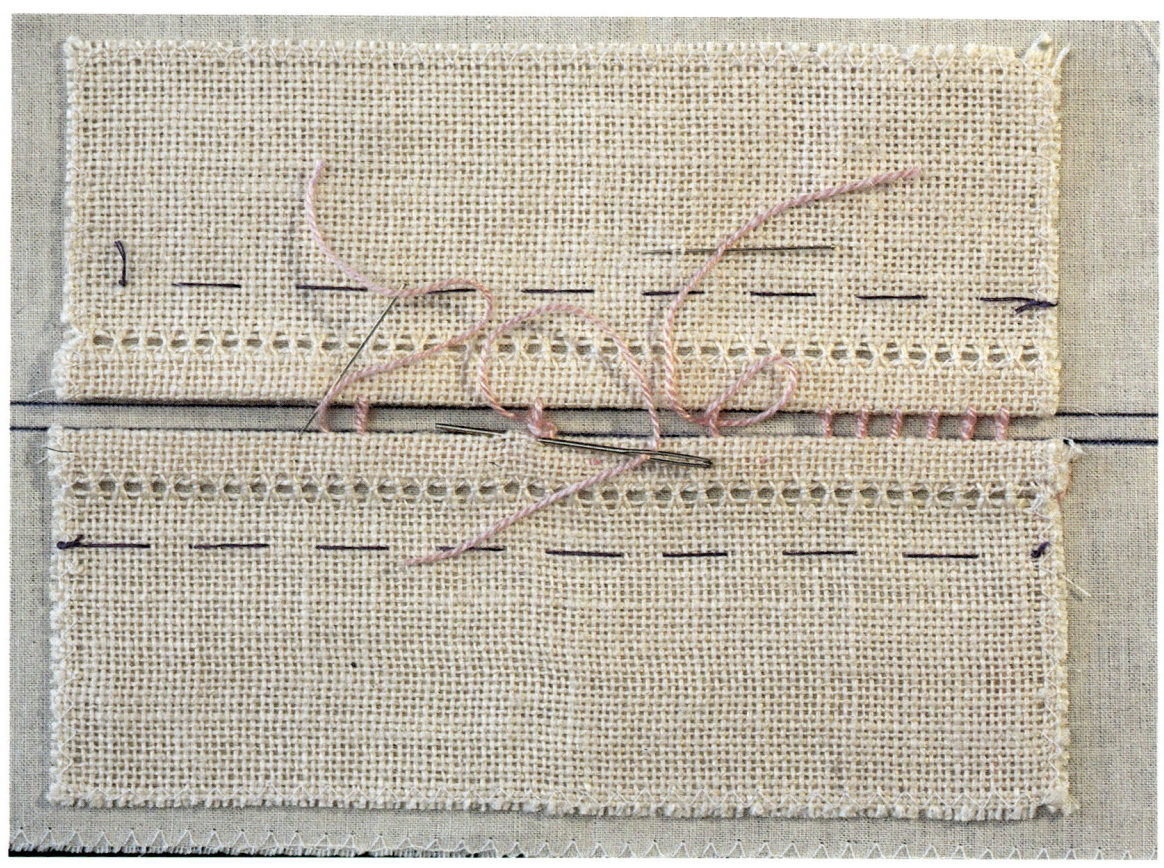

# EIN SCHRÄGBAND ZUSAMMENNÄHEN

- Das Schrägband auseinander falten und fadengerade durchschneiden.
- Die Enden des Schrägbandes rechts auf rechts aufeinander legen, sodass sich die Faltstellen kreuzen – ca. 3 – 5 mm vom Rand entfernt.
- 3 – 5 mm vom Rand eine Maschinennaht nähen
- Die Nahtzugabe auseinander bügeln und überstehenden Ecken abschneiden.

# EIN STICKMUSTER VERLÄNGERN ODER VERKÜRZEN

Ein Rapport eines Stickmusters besteht aus einzelnen Figuren oder Ornamenten, die in der Zusammenstellung ein Ganzes ergeben. Rapporte sind so geformt, dass sie ohne weiteres aneinander gereiht werden können. Nicht immer wird ein Stickmuster mit dem Ende eines Musterrapportes abgeschlossen. Oft setzt man anstatt dessen eine passende Figur oder ein passendes Ornament als Schlusselement an den Rapport. Dieses muss entsprechend berücksichtigt werden, wenn es darum geht, ein Muster zu verlängern oder zu verkürzen.

Nehmen wir als Beispiel den Läufer auf Seite 17.

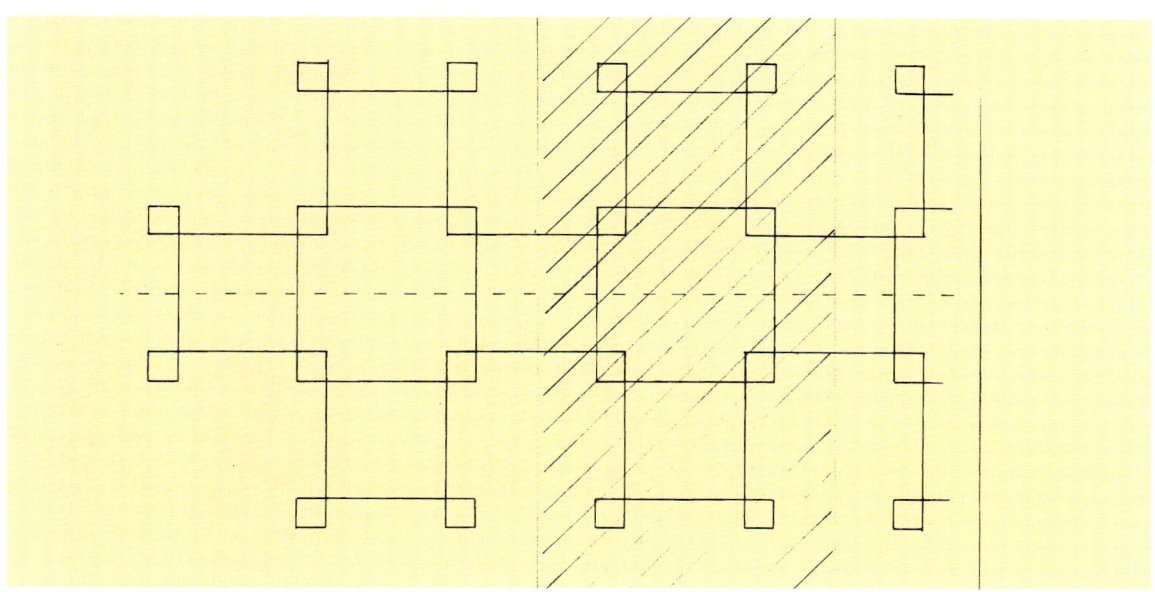

Das schraffierte Ornament ist ein Musterrapport. Durch Entfernen eines Rapportes kann das Stickmuster verkürzt werden und durch Hinzufügen eines Rapportes verlängert.

# DIE AUTORIN

Ullabritt Volkers, geboren 1935, ist staatlich geprüfte Handarbeitslehrerin und Absolventin des Handarbeitsseminars Haandarbejtets Fremme in Kopenhagen. Heute lebt sie in Dortmund. Sie unterrichtet vor allem »weiße Techniken« wie Hedebo, Reticella, Nadelspitze und Klöppelspitze. Des Weiteren leitet Ullabritt Volkers Kurse zum Montieren von Spitzen und experimentiert in textilen Techniken.